Nos Héros TOME I

Nos

© **Éditions Biblieurope octobre 1997**
ISBN 2-911398-05-X

keren hasefer ve-halimoud

fonds de restauration du livre et de l'enseignement

Héros TOME I

par Sadie Rose Weilerstein

(Traduit de l'Anglais par Arlette FOLDÈS)

Illustrations de Lili Cassel

Chers Parents,

Ce volume de récits consacrés aux héros juifs est le premier d'une série destinée à faire connaître à votre enfant les grandes figures qui ont créé et modelé notre tradition. C'est en prenant part aux joyeuses célébrations du Sabbath et des Fêtes, tant à la maison qu'à l'école, que votre enfant a fait connaissance avec la vie juive. Vous avez joué un rôle de premier plan en lui permettant d'en faire l'expérience. Vous pouvez continuer à jouer ce rôle dans l'aventure que vivra votre enfant en faisant connaissance avec les héros de son peuple, en s'identifiant avec eux, et en apprenant ainsi ce que cela signifie d'être un Juif.

Nous n'avons épargné aucun effort pour que votre enfant aime ce livre, pour qu'il le relise souvent. Si au début il n'est pas disposé à lire le texte lui-même — et cela est fort possible, car à l'âge de sept ans la compréhension de la langue dépasse la capacité de lire — demandez-lui de vous « lire les images ».

La série envisagée comprendra des figures de toutes les époques de notre histoire. Ce premier volume commence avec Abraham et se termine avec le Roi Salomon. Nous avons essayé de raconter ces histoires avec simplicité, en restant aussi proches que possible de l'esprit et de la langue de la Bible. Là où la Bible ne donne pas de détails sur l'enfance du héros, comme par exemple dans l'histoire d'Abraham, nous avons eu recours à la légende et à la tradition. Là où le récit biblique est plus complet, la légende n'a été utilisée qu'occasionnellement.

Puisque l'enfant ne passe à l'école qu'un temps limité, un recueil doit forcément être réduit à l'essentiel. Mais vous, les parents, vous êtes en contact avec votre enfant tous les jours de la semaine, et vous pouvez donc compléter le contenu de ce volume.

Nous souhaitons que ce petit livre éveille l'intérêt de votre enfant, et le conduise aux sources dont ces quelques récits ne donnent qu'un avant-goût.

S.R.W.

Table des matières

L'Histoire d'Abraham et de son fils Isaac.

Comment Abraham a découvert Dieu   15
Abraham brise les idoles   20
La promesse de Dieu   23
Dans la tente d'Abraham   27
Abraham délivre Lot   29
Abraham discute avec Dieu   32
Naissance d'Isaac   36
Dieu instruit Abraham et l'éprouve   39
Une femme pour Isaac   42

L'Histoire de Jacob.

Des jumeaux qui ne se ressemblent
     pas   49
Qui aura la bénédiction ?   51
L'échelle qui atteignait le ciel   55
Jacob travaille quatorze ans pour
     une femme   57
Jacob devient Israël   60

L'Histoire de Joseph.

La tunique neuve   65
Joseph descend en Egypte   69
Les rêves de Pharaon   72
Les frères en Egypte   76
Je suis Joseph   80

L'Histoire de Moïse.

Le bébé caché   87
Le bébé et la couronne   92
Moïse se souvient de son peuple   94
Moïse se marie   96
Le buisson ardent   98
Laisse partir mon peuple   101
Le premier Pessah   106
La mer rouge   109
Le pain de Dieu   112
Dieu parle aux Enfants d'Israël   115
Le veau d'or   119
Un Tabernacle pour l'Arche de Dieu   122
Quarante ans dans le désert   125
Moïse quitte son peuple   129

L'Histoire des Juges.

En Terre Promise   133
L'Histoire de Deborah   137
Les Madianites arrivent   142
Pour l'Eternel et pour Gédéon   145
L'Histoire de Samson   148

L'Histoire de Samuel, Saül et David.

Le petit Samuel   157
Nous voulons un roi   161
Saül délivre une ville   164
Ruth, l'arrière grand'mère de David   167
David rencontre le prophète Samuel   172
David joue pour le roi   175
David se bat contre un géant   177
Saül est jaloux de David   181
David devient un hors-la-loi   184

Mort de Saül et de Jonathan   189
David devient roi   191
Jérusalem   193

L'Histoire du roi Salomon.
Naissance de Salomon   197
Salomon fait un vœu   199
Construction du Temple   201
La reine de Saba   205

L'histoire d'Abraham
et de son fils Isaac

Comment Abraham
a découvert Dieu

Il y a bien, bien longtemps, vivait un petit garçon nommé Abraham. Sa maison se trouvait dans un lointain pays, dans une ville appelée Our. Il habitait là, avec son père, sa mère, et ses deux jeunes frères.

En ce temps là, les villes étaient entourées de murs, afin de se protéger des ennemis. Chaque soir, la porte de la ville était fermée. Chaque matin, on l'ouvrait à nouveau. Abraham aimait beaucoup regarder les gens qui entraient et sortaient. Les uns montaient de petits ânes. D'autres se balançaient, perchés très haut, sur de grands chameaux. Certains allaient à pied : des bergers, ou des compagnies de soldats.

Abraham questionnait à tout propos :

— « Pourquoi les chameaux portent-ils des cloches ? »

— « D'où viennent les bergers ? »

— « Où vont les marchands ? »

Un soir, Abraham s'était étendu sur le toit plat de sa maison, et il regardait les étoiles. Elles lançaient mille feux, et lui faisaient penser aux bracelets qui scintillaient aux bras de sa maman. Le matin même, il avait justement observé l'orfèvre qui les faisait.

Soudain, une question lui vint à l'esprit : « C'est l'orfèvre qui a fait les bracelets de Maman, mais qui donc a fait les étoiles ? Qui donc a fait le ciel, la terre, les champs, la rivière ? Qui a fait le monde ? »

C'était la question la plus importante qu'Abraham s'était jamais posée. Il descendit quatre à quatre les échelons, et se précipita dans la maison pour questionner son père.

En ce temps là, les gens ne connaissaient pas encore Dieu. Ils priaient le soleil ou la lune. Ils disaient que leur roi était un dieu. Ils se prosternaient devant des idoles, des statues de pierre, de métal ou de bois. Le père d'Abraham, Terah, fabriquait des idoles, et les vendait dans sa boutique. Il était en train de sculpter une petite idole, quand Abraham entra dans la pièce. Elle ressemblait à un petit homme grimaçant.

— « Père, dit Abraham, qui a fait le monde ? »

Terah répondit : « Ce sont les dieux. » Et il montra du doigt les idoles, bien rangées, en file.

Il donna alors à Abraham la petite idole qu'il venait de terminer : « Ce nouveau dieu est pour toi, Abraham. Prends le, il te protègera. »

16

Abraham regarda la petite statue, dans sa main. « Je veux bien jouer avec toi », lui dit-il, « mais je ne crois pas que tu sois un dieu. Tu as des yeux, mais tu ne peux pas voir. Tu as des oreilles, mais tu ne peux pas entendre. Tu as une bouche, mais tu ne peux pas parler. Mon père vient de te fabriquer. Comment pourrais-tu, toi, avoir fait le monde ? »

Le lendemain, Abraham rendit visite à son oncle, qui était un homme important, un officier du roi. Il le trouva près de la tour, au centre de la ville.

« Qu'est-ce qui t'amène ici, mon petit ? », lui demanda son oncle.

« Je cherche le Dieu qui a fait le ciel et la terre », répondit Abraham.

— « Tu as bien fait de venir ici », lui dit son oncle, « c'est le roi Nemrod qui est Dieu. C'est lui qui a construit cette tour qui va jusqu'au ciel. C'est lui qui a fait le ciel et la terre ».

Mais Abraham hocha la tête. Un jour, il avait vu le visage de Nemrod ; il semblait cruel, et Abraham ne pouvait pas croire que Nemrod était Dieu.

Il se mit donc en route de nouveau pour aller voir, cette fois-ci, un autre de ses oncles, qui était berger. Il faisait nuit déjà, quand Abraham le trouva, gardant ses moutons, hors des murs de la ville.

— « La paix soit avec toi, mon petit », lui dit son oncle le berger, « qu'est-ce donc qui t'amène ici ? »

— « Je cherche le Dieu qui a fait le ciel

et la terre », répondit Abraham, « peux-tu me dire où Le trouver ? »

— « Il est juste au dessus de toi », dit son oncle en montrant le ciel du doigt, « la lune est Dieu ».

Abraham leva les yeux et regarda la lune. Elle emplissait ciel et terre de sa lumière argentée.

— « Mon oncle sait », pensa Abraham, « la lune est Dieu ». Il parlait encore, qu'un nuage couvrit la lune, et le ciel s'obscurcit.

Abraham soupira : « Le nuage est plus fort que la lune, puisqu'il l'a chassée du ciel. Le nuage doit être Dieu ».

Mais voici qu'un vent s'éleva, qui dispersa les nuages, et le ciel était de nouveau tout parsemé d'étoiles.

Abraham se mit à rire : « Comme j'étais sot de penser que le nuage est Dieu. Les étoiles sont Dieu ».

Pendant des heures et des heures, Abraham resta couché sur le dos, parmi les moutons, à regarder les étoiles scintillantes. Il finit par s'endormir. Quand il s'éveilla, c'était le matin, et les étoiles s'étaient évanouies. Abraham leva les yeux vers le soleil. Il les referma aussitôt, aveuglé par sa lumière.

— « Pardonne-moi, puissant soleil », s'écria-t-il.

« c'est toi qui es Dieu. » Mais il se souvint alors que le soleil allait se coucher, à la fin du jour.

— « Il ne peut donc être Dieu », dit-il, « puisqu'il va se coucher ce soir. La lune n'est pas Dieu, les étoiles non plus, et sûrement pas le roi. »

Soudain, Abraham comprit tout. « Il y a Quelqu'un au dessus d'eux tous. Il a fait le ciel et la terre, et Il les a faits, eux aussi. »

Abraham avait enfin sa réponse.

Abraham
brise les idoles

Pendant longtemps, Abraham ne dit à personne ce qu'il avait découvert à propos de Dieu. Mais un jour, alors qu'il était seul dans la boutique de son père, une vieille femme entra.

— « Je veux acheter un dieu, dit-elle, un très fort. »

— « Mais tu as acheté une idole hier », lui dit Abraham.

— « En effet », répondit la femme, « mais des voleurs sont venus dans la nuit et

me l'ont emportée. Et j'ai peur de rester dans
ma maison, sans un dieu pour me protéger. »

— « N'est-ce pas ridicule de penser qu'un
dieu, qui ne peut même pas se sauver lui-
même, te sauvera, toi ? »

Et Abraham lui parla du Dieu unique et
vrai.

— « Lui seul peut te protéger », dit-il.

La femme s'en alla donc sans acheter
l'idole.

Dès qu'elle fut partie, Abraham prit une
hachette et se mit à casser les idoles. Crac,
crac ; toutes les idoles tombèrent par terre, en
morceaux, l'une après l'autre, sauf la plus
grande qu'il avait épargnée. Il lui mit la
hachette dans la main et déposa devant elle
un plat de viande.

Terah avait entendu le bruit et accourait.

— « Abraham, criait-il, qu'est-il arrivé ?
Qui a brisé les idoles ? »

Abraham répondit : « Je suis entré dans
la pièce avec une assiette de viande. Tous les
petits dieux ont tendu leurs mains, et se sont
tant dépêchés de tout dévorer, que la grande
idole n'a pas pu en avoir un seul morceau.
Elle s'est mise fort en colère, a pris la hachette
en main, et a mis en pièces toutes les petites
idoles. Regarde : la hachette est encore dans
sa main. »

Terah se tourna vers son fils avec colère :

— « Me prends-tu pour un imbécile, pour
me raconter une pareille histoire ? Ces idoles
sont de bois ou de pierre. Je les ai faites de
ma main. Comment pourraient-elles ouvrir
les lèvres, bouger, marcher ? Comment alors
le grand dieu aurait-il pu briser les petits ? »

— « Comment alors ces dieux pour-
raient-ils t'aider, père ? Ne fais plus d'idoles.
Prie le Dieu unique, qui a créé le ciel et la
terre. Il est le seul Dieu ».

Terah regarda de tous côtés avec inquiétude.

— « Chut, Abraham, dit-il, il est dange-
reux de parler ainsi. Si le roi Nemrod t'enten-
dait, il te jetterait dans sa fournaise ardente.
Oh, mon fils. Pourquoi es-tu si différent des
autres ? Prosterne-toi devant les idoles,
comme tu l'as fait jusqu'ici. »

Mais Abraham refusa. Depuis ce jour-là,
il ne pria plus que Dieu.

La promesse de Dieu

Les années avaient passé. Abraham était devenu un homme et avait épousé sa cousine Sarah. Sarah était aussi bonne que belle et aimait Dieu, comme lui. Ils élevaient ensemble Lot, leur jeune neveu, qui avait perdu son père et sa mère. Abraham était berger maintenant. Il avait quitté Our pour s'installer à Haran, où il gardait ses moutons et ses chèvres tout autour des murs de la ville. De nombreuses familles s'étaient jointes à lui. Elles avaient abandonné leurs idoles et priaient seulement le Dieu unique et vrai. Mais, dans les villes, les gens se prosternaient encore devant des idoles, et disaient que le cruel roi était un dieu.

Et voici qu'il arriva une chose, qui devait entièrement changer la vie d'Abraham. Une nuit, qu'il marchait seul sous les étoiles, il entendit la voix de Dieu qui l'appelait :

— « Abraham, laisse ton pays et la maison de ton père, et va vers le pays que je te montrerai. Je ferai de toi une grande nation, je te bénirai, et je te ferai un grand nom. Grâce à toi, toutes les nations de la terre Me connaîtront un jour. »

Ainsi, Abraham, avec Sarah et Lot, et toutes les familles qui s'étaient jointes à eux, partirent de Haran. Abraham venait en tête. Derrière lui venaient les chameaux qui portaient les femmes, les enfants et les vieillards. Puis les petits ânes, avec des charges plus grosses qu'eux, les bergers avec leurs moutons et leurs chèvres, enfin les jeunes hommes, armés de lances et de flèches.

Chaque soir, Abraham choisissait un endroit pour y passer la nuit. Les chameaux s'agenouillaient alors, et ceux qui les montaient se laissaient glisser à terre. On dressait les tentes. On allumait des feux. Au matin, ils repartaient. Le sable chaud leur brûlait les pieds. Le soleil tapait dur. Les vents du désert leur soufflaient dans le visage le sable piquant. Il fallait parfois traverser une rivière. Et toujours plus avant, ils marchaient.

Un jour, enfin, ils arrivèrent au-dessus

d'une large et belle vallée. De verts pâturages s'étendaient devant eux, des cours d'eau, des montagnes au loin. C'était le pays de Canaan. Le cœur d'Abraham était rempli de joie.

— « Que cette terre est bonne, dit-il. Des rivières serpentent entre les montagnes, il y a des arbres pour l'ombre, de l'herbe pour le bétail, des champs d'orge et de blé pour le pain. »

Il entendit alors la voix de Dieu qui lui disait : « Abraham, cette bonne terre, je te la donne, à toi, à tes enfants, et aux enfants de tes enfants pour toujours. »

Plein de joie, Abraham réunit tous ses gens, et ils remercièrent Dieu ensemble.

C'est ainsi qu'Abraham s'installa au pays de Canaan. Les gens de Canaan le surnommèrent « l'hébreu », c'est à dire : « l'homme qui vient de l'autre bord de la rivière ».

Dans la tente d'Abraham

Les portes de la tente d'Abraham étaient toujours ouvertes. Les voyageurs, les pauvres gens des villes, tous ceux qui avaient besoin d'un ami, étaient là les bienvenus.

Un jour, un vieil homme aux cheveux blancs vint dans sa tente. Abraham lui servit du lait, du fromage, et des galettes de pain, rondes et plates, que Sarah avait faites. Lorsque l'homme eut mangé, il remercia Abraham de sa bonté.

Et Abraham dit, comme il le faisait toujours : « Ne me remercie pas. C'est Dieu qui nous donne notre nourriture. Si tu veux, remercions Le ensemble. »

Mais le vieil homme refusa.

— « Ton Dieu n'est pas le mien, dit-il, j'en ai un à moi. »

Il mit la main dans les plis de son vête-
ment, et en retira une petite idole de bois.

Plein de colère, Abraham chassa l'homme
de sa tente. Aussitôt après, il entendit la voix
de Dieu qui lui parlait.

— . « Abraham, cet homme a 90 ans. Pendant toutes ces années J'ai été patient avec
lui. Je l'ai pourvu de nourriture et de vêtements. Et toi, tu ne pourrais être patient avec
lui, une seule nuit ? » —

Abraham se prosterna jusqu'à terre et
dit :

— « Oh Dieu, pardonne-moi, j'ai mal
agi. »

Dieu répondit : « Pourquoi t'adresses-tu
à Moi ? C'est au vieil homme qu'il faut demander de te pardonner. »

Vite, Abraham courut derrière le vieillard. Il le trouva sous un buisson épineux,
tout courbé sous son lourd fardeau.

— « Pardonne-moi de t'avoir renvoyé,
lui dit Abraham, reviens avec moi, je t'en
prie. » Et il souleva le fardeau des épaules du
vieil homme et le mit sur les siennes.

Ils retournèrent donc à la tente. Abraham
entassa des peaux de mouton, en fit un lit
confortable pour le vieillard, et lui donna sa
propre couverture.

Plus jamais, Abraham ne chassa un
étranger de sa porte. Les voyageurs parlaient
de sa bonté. Quelques uns disaient : « C'est
son Dieu qui lui apprend à être notre ami. »
Et ils abandonnaient leurs idoles, pour prier
seulement le Dieu d'Abraham.

Abraham délivre Lot

De tous côtés, à perte de vue, paissaient des moutons et des agneaux, des boucs, des chèvres et leurs petits. Ils appartenaient, les uns à Abraham, les autres à son neveu Lot. Leurs troupeaux étaient devenus si grands qu'il était difficile de trouver assez d'herbe pour toutes les bêtes. Alors les bergers de Lot commencèrent à se disputer avec les bergers d'Abraham. L'un disait : « Chasse tes moutons de cette colline, nous y étions les premiers. » « Non, répondait l'autre, c'est nous qui l'avons trouvée d'abord. » Et il y avait des mots de colère, et même des coups.

Un jour, Abraham fit appeler Lot et lui dit : « Qu'il n'y ait pas de dispute entre toi et moi, entre tes bergers et mes bergers, car nous sommes des frères. Il vaut mieux nous séparer ».

Lot accepta. Ils montèrent ensemble au sommet d'une colline. Tout le pays de Canaan s'étendait devant eux.

Abraham dit à Lot : « Choisis donc le côté où tu désires aller: Si tu vas à gauche, j'irai à droite. Et si tu vas à droite, j'irai à gauche. »

Loin vers l'est, Lot pouvait voir une large et verte vallée, où coulait le Jourdain. On aurait dit un jardin, tellement elle était bien arrosée.

— « Je choisis la vallée du Jourdain, dit-il, je vais me diriger vers l'est, avec ma famille et mes troupeaux.

C'est ainsi qu'Abraham et Lot se séparèrent. Lot descendit dans la vallée, et s'installa près de la ville de Sodome. Abraham, lui, monta se fixer dans les collines de Hébron.

Mais Lot se rendit compte très vite que la vie, dans la vallée du Jourdain, n'était pas aussi agréable qu'il l'avait pensé. Les rois des différentes villes se battaient sans cesse. Si un roi désirait de l'or, ou simplement des vivres, il attaquait la cité voisine, s'emparait de tout ce que lui et ses hommes pouvaient emporter, et s'enfuyait.

Une nuit, un homme, tout essouflé d'avoir tant couru, arriva chez Abraham.

— « Ton neveu Lot a été fait prisonnier, s'écria-t-il, quatre rois sont venus de l'autre rive du Jourdain et ont attaqué les villes de la plaine. Le roi de Sodome s'est sauvé dans les montagnes. Mais Lot et sa famille, ses gens et tous ses biens, ont été pris et emmenés.

En toute hâte, Abraham réunit ses fidèles. Bien avant le lever du soleil, ils étaient déjà en route pour aller délivrer Lot, quelques centaines d'hommes contre les armées de quatre rois. Tout le jour, ils poussèrent leurs

montures. A la tombée de la nuit, ils avaient rejoint leurs ennemis. Abraham divisa ses hommes en deux compagnies. Dans l'obscurité profonde, ils attaquèrent par surprise les armées des rois, les mirent en déroute, et les forcèrent à retraverser le Jourdain.

Ils retrouvèrent Lot et les autres prisonniers, très effrayés, mais sains et saufs. Tous les biens que les rois avaient emportés, de l'or et des armes, des vêtements et des vivres, s'amoncelaient à terre, en un gros tas. Les hommes d'Abraham les ramassèrent. Ils prirent alors le chemin du retour vers Sodome avec Lot, les gens et tous les biens.

Le roi de Sodome sortit à leur rencontre. Il vit l'or et les armes, les vêtements et les vivres, et dit à Abraham : « Rends-moi mes gens, et garde pour toi tous les biens ». Car ainsi était la coutume : tout ce qui avait été pris pendant une bataille, appartenait au vainqueur.

Mais Abraham ne s'était battu que pour délivrer son neveu Lot. Il dit au roi de Sodome : « Je ne prendrai rien de ce qui est à toi, pas même un fil ou un lacet de chaussure. »

Puis il dit au revoir à Lot, et s'en retourna chez lui.

Abraham discute avec Dieu

Sodome, la ville où s'était installé Lot, était une ville de méchants, ainsi que Gomorrhe, la ville voisine. Quand un étranger y venait, une foule de gens l'entourait, dans la rue. On se moquait de lui, on le frappait, on lui volait tout ce qu'il possédait. Si l'étranger allait se plaindre chez un juge, c'est lui que le juge punissait, au lieu de punir ses voleurs.

Dieu entendit les plaintes des étrangers, et décida d'en finir avec ces méchants-là. Mais d'abord, il en fit part à Abraham, car il voulait qu'Abraham comprenne bien sa façon d'agir.

— « Abraham, les péchés de Sodome et Gomorrhe sont trop grands, Je vais détruire ces deux villes. »

Le cœur d'Abraham s'emplit de pitié.

— « O Dieu, dit-il, il est impossible que les gens de Sodome soient *tous* méchants. Suppose qu'il y ait cinquante justes dans la ville. Tu ne veux sûrement pas détruire les bons avec les méchants. Est-ce que Dieu, le juge de toute la terre, ne ferait pas bien la justice ? »

— « Si je trouve cinquante justes dans Sodome, j'épargnerai toute la ville à cause d'eux », répondit Dieu.

Encore une fois, Abraham prit la parole : « Tu es l'Eternel, et je ne suis qu'un homme.

Mais il faut que je te parle encore. Suppose qu'il n'y ait pas tout à fait cinquante bons. Suppose qu'il y en ait seulement quarante cinq ? »

« J'épargnerai la ville, en faveur de ces quarante cinq », dit Dieu.

— « Et si on en trouve quarante », demanda Abraham.

Dieu promit d'épargner la ville si on en trouvait quarante ou trente, ou même seulement vingt.

Mais Abraham plaidait encore : « O Dieu, ne te mets pas en colère contre moi. Je voudrais Te parler une dernière fois. Et s'il y en avait dix... ? »

Et Dieu dit : « J'épargnerai la ville en faveur de ces dix. »

Ce soir là, deux voyageurs arrivèrent à Sodome. Lot, le neveu d'Abraham, était assis à la porte de la ville. Il courut à la rencontre des étrangers, et les emmena chez lui. Il leur servit un repas, et les invita à passer la nuit sous son toit.

La nouvelle de l'arrivée des voyageurs se répandit vite dans toute la ville. Bientôt, une foule en colère entourait la maison de Lot. Tous les habitants de Sodome étaient là, du plus vieux au plus jeune.

Et ils criaient : « Où sont les hommes qui sont venus chez toi ce soir ? Fais les sortir. »

Lot se glissa dehors, et referma la porte derrière lui.

— « Je vous en supplie, mes frères, ne faites pas une chose aussi honteuse. »

Mais les hommes, pleins de colère, s'écrièrent : « Voyez donc ce Lot. Il vient à peine de s'installer chez nous, et voilà qu'il veut nous donner des conseils. »

— « Va-t-en de là, ou sinon nous te ferons plus de mal qu'à eux », ajoutèrent-ils.

Ils voulaient se saisir de Lot, mais les étrangers étendirent leurs mains, tirèrent Lot à l'intérieur, et vérouillèrent bien la porte.

Car ces étrangers étaient, en réalité, des anges déguisés. Ils dirent à Lot : « Prends ta femme et le reste de ta famille, et sauve toi. Sodome va être détruite à cause de sa méchanceté. »

Ils prirent par la main Lot, sa femme,

et ses deux filles, et les conduisirent bien vite en dehors de la ville.

« Surtout, ne regardez pas en arrière », dirent-ils, « et ne restez pas dans la vallée, de peur que vous ne soyez détruits, vous aussi. »

Lot et ses filles se mirent à courir, et arrivèrent enfin en un lieu sûr. Mais la femme de Lot ne pouvait pas supporter d'abandonner la ville. Comme le soleil se levait, elle se retourna. Du sel brûlant tombait du ciel. Il recouvrait les cités méchantes, ainsi que toute la vallée. Il recouvrit aussi la femme de Lot, qui devint une statue de sel.

Si jamais tu visites Israël, descends donc dans la vallée du Jourdain. Là, tu verras une grande mer de sel, la mer Morte. Rien ne peut y vivre, pas même un poisson. Sodome et Gomorrhe, les villes qu'Abraham avait essayé de sauver, se dressaient à cet endroit.

Naissance d'Isaac

Abraham était devenu bien vieux. Il avait des serviteurs et des servantes, des troupeaux de moutons et de chèvres, des chameaux et des ânes, de l'or et de l'argent. Il avait aussi des disciples fidèles qui l'aimaient et l'honoraient. Mais il n'avait pas de fils. Et il désirait un fils plus que toute autre chose au monde.

Une nuit, Dieu lui apparut en rêve, et le conduisit dehors, sous le ciel.

— « Regarde là-haut, lui dit-il, et compte les étoiles, si tu le peux. »

Abraham leva les yeux. Le ciel était tout plein d'étoiles, de tant d'étoiles qu'il était impossible de les compter.

Et Dieu dit : « Tes enfants seront aussi nombreux que les étoiles du ciel, tes enfants, et les enfants de tes enfants après toi. »

Abraham comprit alors que Dieu voulait lui donner un fils.

Un jour, à midi, Abraham était assis à l'entrée de sa tente. Le soleil brûlait, et il était

heureux de pouvoir rester à l'ombre. Il regardait loin devant lui, l'étendue de sable chaud, lorsqu'il aperçut trois étrangers qui venaient dans sa direction.

Il courut à leur rencontre, et se prosterna devant eux jusqu'à terre : « Ne passez pas votre chemin, je vous en prie. Il fait chaud et vous êtes fatigués. Reposez vous sous l'arbre. Je vais vous chercher de l'eau, et de quoi manger un peu. »

Les étrangers s'assirent sous un chêne, dont les branches se déployaient au dessus de la tente.

Abraham appela ses serviteurs. Ils ôtèrent les sandales des étrangers et lavèrent de leurs pieds la poussière brûlante, tandis que lui-même se précipitait dans la tente de Sarah.

— « Sarah, nous avons des invités », dit-il, « prends une mesure de notre plus fine farine, et fais des gâteaux. »

Puis il courut vers le bétail, y choisit un veau tendre, et le donna à un serviteur afin qu'il le prépare. Quand le repas fut prêt, il le servit aux étrangers, et resta près d'eux sous les arbres, pendant qu'ils mangeaient.

Après le repas, l'un des étrangers dit à Abraham : « Où est Sarah, ta femme ? »

— « Elle est dans sa tente », répondit Abraham.

— « Je reviendrai l'année prochaine, à cette même époque », dit l'étranger, « et Sarah aura un fils. »

Sarah entendit l'étranger, car elle se tenait à la porte de la tente, derrière lui. Et elle rit en elle-même, disant : « Comment pourrais-je avoir des enfants, vieille comme je suis ».

L'étranger l'entendit rire, et il demanda : « Est-il une chose trop difficile pour Dieu? A ce même temps de l'année prochaine, je reviendrai, et Sarah aura un fils. »

Et il en fut ainsi. Avant que l'année fût passée, Sarah mit au monde un enfant. Et elle rit encore, mais de joie cette fois.

— « Qui. aurait pensé que je donnerais à Abraham un fils dans sa vieillesse », dit-elle.

Et elle donna au bébé le nom d'Isaac, c'est à dire « celui qui fait rire ».

Dieu instruit Abraham et l'éprouve

Abraham aimait beaucoup le petit Isaac.

Quand le bébé fut sevré, Abraham offrit un festin en son honneur. Tous les princes du voisinage furent invités.

Bientôt, Isaac put accompagner son père dans les pâturages. Il aimait beaucoup regarder les petits agneaux qui venaient de naître. La maman brebis les léchait avec sa langue. Il aimait aussi observer, quand on creusait un nouveau puits. Souvent, il se tenait près de son père, au sommet de la colline, à côté d'un rocher plat, appelé « autel ». Abraham tuait un agneau ou un chevreau, et le brûlait sur l'autel, regardant la fumée monter tout droit vers le ciel. C'était un sacrifice, un holocauste. C'est de cette façon-là, en ces temps lointains, que les gens remerciaient Dieu de Sa bonté.

Il y avait même des gens qui prétendaient que les sacrifices d'animaux ne suffisaient pas. Ils connaissaient Dieu si mal, qu'ils

croyaient Lui faire plaisir en Lui offrant leur fils premier-né. Alors, Dieu dit : « Je veux qu'Abraham prouve sa foi en Moi. Il le fera de telle façon que tous les hommes sauront que Je ne veux pas de sacrifices d'enfants. »

A ce moment, Abraham entendit la voix de Dieu l'appeler : « Abraham ».

— « Me voici », répondit-il.

Et Dieu lui dit : « Prends ton fils, ton unique enfant, Isaac que tu aimes, et offre le Moi en holocauste sur le Mont Moriah ».

Le cœur d'Abraham s'alourdit d'une grande tristesse, car Isaac lui était plus cher que sa propre vie. Mais il avait toujours obéi à Dieu. Très tôt le matin, il sella donc son âne, et se mit en route avec Isaac et deux serviteurs, pour le Mont Moriah. Il laissa les serviteurs et l'âne au pied de la montagne, prit le fagot de bois pour le sacrifice, et le mit sur le dos d'Isaac.

—« Mon père, nous avons le feu et le bois, mais où est l'agneau du sacrifice? », demanda Isaac.

— « Dieu y pourvoira, mon fils », répondit Abraham.

Au sommet de la montagne, Abraham construisit un autel de pierres. Il y attacha son fils, et des larmes coulaient sur ses joues quand il leva le couteau du sacrifice.

Mais soudain, une voix l'appela du ciel : « Abraham, Abraham, ne touche pas à ton garçon, ne lui fais aucun mal. Je sais maintenant que tu as confiance en Moi, car tu étais prêt à Me donner ton fils unique. »

En levant les yeux, Abraham aperçut un bélier qui s'était pris les cornes dans un buisson. Il sacrifia le bélier, à la place d'Isaac.

Puis, plein de joie, Abraham prit Isaac par la main, et ils rentrèrent chez eux.

Une femme pour Isaac

Des années passèrent. Sarah était morte, et Abraham et Isaac en étaient bien tristes. Un jour, Abraham fit chercher Eliezer, son plus vieux serviteur, en qui il avait entière confiance, et il lui dit :

— « Eliezer, il est temps qu'Isaac se marie. Va dans ma famille, à Haran, et choisis lui une femme ; une aussi bonne épouse que l'était Sarah, sa mère. »

— « Et si la jeune fille que j'aurai trouvée ne veut pas me suivre, devrai-je ramener Isaac là-bas, au pays d'où tu viens ? », demanda Eliezer.

— « Surtout pas », s'écria Abraham « n'emmène pas mon fils hors de ce pays. C'est le pays que Dieu nous a donné. »

Le lendemain matin, Eliezer prit dix chameaux, les chargea de riches présents de la part de son maître, et se mit en route pour l'ancien pays d'Abraham.

C'était le soir quand Eliezer arriva aux murs de Haran. Il fit agenouiller ses chameaux, afin qu'ils se reposent, et il se mit à regarder les femmes qui sortaient de la ville pour tirer l'eau du puits.

— « Il y a tant de belles jeunes femmes, pensait-il, comment saurais-je laquelle choisir pour Isaac ? »

Une idée lui vint à l'esprit : « Si je demande à une de ces jeunes filles de me donner à boire, qu'elle me donne de l'eau, et qu'elle offre d'en puiser aussi pour mes chameaux, je saurai qu'elle sera une bonne épouse pour Isaac ».

Et il pria Dieu de lui envoyer cette jeune fille. Il avait à peine fini de prier, qu'une belle jeune fille passa la porte de la ville. Elle portait une cruche sur l'épaule et descendit à la fontaine y puiser de l'eau. Comme elle remontait, Eliezer courut vers elle et lui dit :

— « Je t'en prie, laisse moi boire un peu d'eau de ta cruche. »

— « Bois, mon Seigneur », dit-elle avec gentillesse, et elle pencha sa cruche, afin qu'il pût boire. Elle regarda les chameaux agenouillés près du mur, accablés de chaleur et de fatigue, et elle dit encore : « Je vais puiser aussi pour tes chameaux. » Elle vida sa cruche dans l'auge et courut vers le puits autant de fois qu'il le fallait pour puiser assez d'eau pour tous les chameaux.

— « De qui es-tu la fille », lui demanda Eliezer. « Y-aurait-il de la place dans la maison de ton père, pour y passer la nuit ? »

— « Il y a assez de place pour toi et tes chameaux », répondit-elle, « et je suis Rebeccah, la fille de Bethuel. »

Eliezer sut alors qu'elle était la propre nièce d'Abraham, et s'écria joyeusement : « Béni soit le Seigneur Dieu, qui a montré sa bonté à mon maître, et m'a conduit jusqu'à cette jeune fille. »

Il offrit à Rebeccah des cadeaux : un anneau d'or et des bracelets, et lui dit qu'il venait de la part de son oncle Abraham. Rebeccah courut chez elle, annoncer toutes ces bonnes nouvelles.

Rebeccah avait un frère aîné, nommé Laban. Il courut à la rencontre d'Eliezer pour lui souhaiter la bienvenue.

— « Entre, toi qui es béni de Dieu », lui dit-il.

Il répandit de la paille pour les chameaux et servit un repas à Eliezer et à ses hommes.

Mais Eliezer ne voulut rien manger avant d'avoir exposé le but de son voyage. Il raconta donc comment Abraham l'avait envoyé chercher une femme pour Isaac, et comment il avait rencontré Rebeccah.

— « Dites moi si vous allez laisser Rebeccah partir avec moi, pour devenir la femme d'Isaac ? »

Laban répondit : « C'est Dieu qui a fait arriver tout ceci. »

Ils appelèrent Rebeccah et lui demandèrent :

— « Veux-tu aller avec cet homme ? »

— « J'irai », répondit-elle.

Aussi, le lendemain matin de bonne heure, la famille bénit Rebeccah, et elle se mit en route, avec ses servantes et la vieille nourrice qui prenait soin d'elle.

Ils voyageaient depuis bien longtemps déjà, quand, un soir, Rebeccah vit un homme qui marchait dans les champs.

— « Qui est cet homme ? », demanda-t-elle à Eliezer.

— « C'est Isaac, le fils de mon maître », répondit-il.

A ce moment, Isaac leva les yeux et vit Rebeccah.

Le chameau s'agenouilla, elle mit pied à terre et se couvrit le visage de son voile. Isaac lui souhaita la bienvenue, et la conduisit dans la tente qui avait appartenu à sa mère Sarah.

Ainsi Rebeccah devint l'épouse d'Isaac, et il l'aima.

L'histoire de Jacob

Des jumeaux
qui ne se ressemblent pas

Il y avait deux bébés jumeaux dans la tente de Rebeccah, deux petits garçons qui venaient de naître. Tout le monde se montrait très curieux à leur sujet :

— « Des jumeaux », s'écriaient les enfants du camp, « est-ce qu'ils se ressemblent ? »

— « Pas du tout », répondait la vieille nourrice de Rebeccah. « L'un est roux, et tout couvert de poils, on l'appelle Esaü. L'autre est blanc et il a la peau douce. Son nom sera Jacob. »

La foule des curieux augmentait sans cesse. Chacun voulait savoir lequel des deux bébés était né le premier. C'était une chose très importante, car celui qui était né le premier, devait avoir le droit d'aînesse. C'est à dire qu'il serait un jour le chef de famille, après la mort de son père.

— « Esaü, le poilu, est venu au monde le premier », répondit la nourrice, « il a quelques minutes de plus que son frère. »

Plus les jumeaux grandissaient, plus ils devenaient différents. Esaü était un habile chasseur. Il parcourait les champs et les collines avec son arc et ses flèches, et revenait avec un cerf jeté en travers sur l'épaule. Il choisissait toujours le meilleur morceau de l'animal, le préparait comme l'aimait son père, et le lui apportait sous sa tente. Il était le favori de son père.

Jacob, lui, était un berger paisible, comme Abraham et Isaac. Jour et nuit, il gardait ses moutons. Souvent, en regardant les étoiles, il songeait à la promesse que Dieu avait faite à son grand-père Abraham et à son père Isaac : « Tes enfants seront aussi nombreux que les étoiles. Je ferai de toi un grand peuple. Par toi, tous les peuples de la terre seront bénis. »

Jacob aurait bien voulu être le frère aîné pour avoir le droit d'aînesse. Alors, ce serait lui, le guide de ce grand peuple.

Un jour qu'il était en train de faire cuire une soupe de lentilles, épaisse et rouge, Esaü rentra de la chasse, fatigué et très affamé.

— « Donne moi de cette bonne soupe rouge », supplia-t-il.

— « Je te l'échange contre ton droit d'aînesse », répondit Jacob.

Esaü s'exclama : « A quoi me sert mon droit d'aînesse, quand je meurs de faim. »

Et il vendit son droit d'aînesse à Jacob, pour un plat de lentilles. Jacob comprit alors combien le droit d'aînesse avait peu d'importance aux yeux de son frère.

Qui aura
la bénédiction ?

Les années avaient passé, et Isaac était devenu vieux et aveugle. Il quittait rarement sa tente. C'était Jacob qui prenait soin de la famille. Il gardait les troupeaux et surveillait les champs. Il offrait à Dieu les sacrifices.

Esaü ne s'occupait que de sa chasse. Rien d'autre ne l'intéressait. Un jour, il ramena à la maison deux femmes Hitéennes qu'il avait épousées. (En ce temps là, un homme pouvait avoir plusieurs femmes). Les femmes d'Esaü avaient apporté leurs idoles et leur adressaient des prières. Isaac et Rebeccah étaient très malheureux de tout cela.

Puis, Isaac s'affaiblit beaucoup, et pensa que le jour de sa mort était proche. Le temps était venu pour lui de donner sa bénédiction au fils qui prendrait sa place. Il voulait la donner à son fils aîné, Esaü, mais Rebeccah voulait en faire profiter Jacob.

Elle dit à Isaac : « Ton père Abraham a brisé les idoles de son père, et il est venu dans un pays nouveau pour y servir Dieu. Mais Esaü, lui, permet à ses propres femmes de servir des idoles. Comment pourrais-je être heureuse s'il devient le maître ici ? »

Isaac répondit : « Esaü est le premier-né. La bénédiction lui appartient, il en a toujours été ainsi. »

Un peu plus tard, Rebeccah entendit son mari parler à Esaü.

— « Mon fils, prends ton arc et tes flèches », lui disait-il, « et rapporte moi du gibier. Tu m'en feras un bon plat, comme je les aime. Cela me fortifiera, et je pourrai m'asseoir, et te bénir avant ma mort. »

Mais Rebeccah était bien décidée à ce que Jacob fût béni, et non pas Esaü.

Dès qu'il fut parti pour la chasse, elle appela Jacob, et lui raconta ce qu'elle avait entendu.

— « Mon fils, écoute moi bien et fais tout ce que je te dirai. Va me chercher dans le troupeau deux chevreaux. Je vais accommoder leur viande comme ton père l'aime, et tu la lui apporteras. Il te prendra pour Esaü, et te donnera la bénédiction du premier-né. »

Jacob courut, et rapporta les deux chevreaux comme avait dit sa mère. Elle en fit un plat délicieux, et couvrit les bras de Jacob avec la peau des chevreaux, pour qu'il ait l'air poilu, comme Esaü. Elle lui mit dans les mains le plat de viande, et l'envoya dans la tente de son père.

— « Père... », dit Jacob.

— « Qui es-tu ? », demanda Isaac.

— « Esaü, ton premier-né. Assieds toi, je te prie, mange la viande que je t'ai préparée, et bénis moi. »

— « Viens plus près de moi, et laisse moi te toucher, mon fils. » Jacob s'approcha et son père le toucha.

— « La voix est la voix de Jacob », dit Isaac, « mais les mains sont les mains d'Esaü.»

Alors, il embrassa Jacob, et lui donna la bénédiction du premier-né.

Jacob venait à peine de quitter la tente de son père, qu'Esaü rentrait de la chasse. Lui aussi prépara un plat savoureux et vint le servir à son père.

— « Debout père », dit-il, « mange de ma viande et bénis moi ensuite. »

— « Qui es-tu ? », demanda Isaac.

— « Je suis ton fils, ton premier-né, Esaü. »

— « Qui donc était celui qui m'a apporté de la viande tout à l'heure ? J'en ai mangé, avant que tu viennes, et je l'ai béni. »

Quand Esaü entendit les paroles de son père, il pleura amèrement, et supplia : « Bénis moi aussi, ô mon père. »

Mais Isaac répondit : « Ton frère est venu et il a pris ta bénédiction. J'ai fait de lui le maître, et je l'ai comblé de blé et de vin. Que puis-je donc faire pour toi, mon fils ? »

— « N'as-tu qu'une seule bénédiction, père ? Bénis moi aussi, je t'en prie. »

Isaac bénit donc Esaü, lui aussi, mais il lui donna une bénédiction différente. La bénédiction du premier-né appartenait à Jacob, désormais.

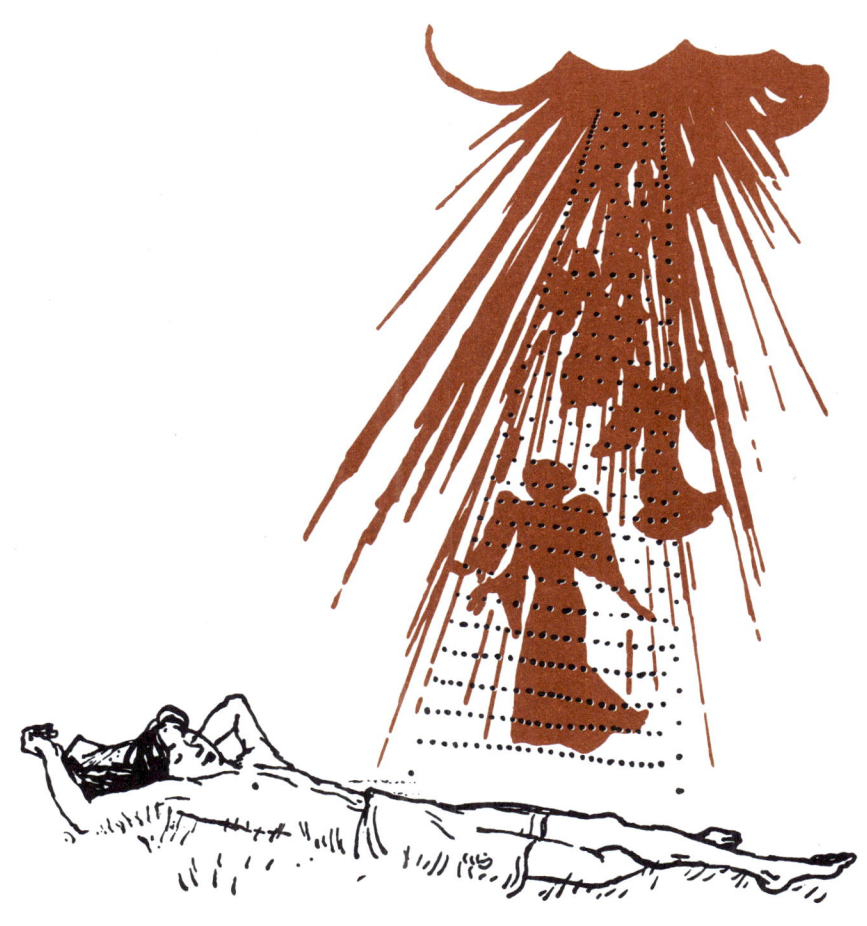

L'échelle
qui atteignait le ciel

Rebeccah fit encore appeler Jacob. Cette fois, elle le supplia d'aller à Haran, où elle habitait avant son mariage. « Esaü menace de te tuer, dit-elle, reste un peu chez mon frère

Laban. Quand sa colère se sera apaisée, je te ferai chercher. »

Jacob quitta donc sa maison, et se mit en route pour le long voyage vers Haran. Comme la nuit tombait, il s'arrêta près de la route, à un endroit isolé, mit une pierre sous sa tête comme oreiller, se coucha et s'endormit.

Et voici qu'il se mit à rêver. Dans son rêve, il vit une échelle dressée sur la terre et qui atteignait le ciel. Des anges montaient et descendaient l'échelle. Et une voix lui parla : « Je suis l'Eternel, Dieu d'Abraham et d'Isaac. Je te garderai, Jacob, partout où tu iras, et je te ramènerai dans ce pays. »

Et Jacob se réveilla. « Sûrement, dit-il, Dieu est ici, à cet endroit, et je ne le savais pas. »

Il prit alors la pierre sur laquelle il avait dormi et il la dressa, debout, pour montrer que ce lieu était saint.

Et il appela cet endroit « Bethel », c'est à dire : « Maison de Dieu ».

Jacob travaille quatorze ans pour une femme

Le lendemain matin, de bonne heure, Jacob se remit en route. Il arriva enfin au pays de l'est, où avait habité Rebeccah, sa mère. Dans un champ, il vit un puits. Trois bergers, avec leurs troupeaux, s'étaient rassemblés, là, autour de ce puits. Jacob se dirigea vers eux :

— « Mes frères, demanda-t-il, d'où venez-vous ? »

— « De Haran. »

— « Connaissez-vous Laban, le petit-fils de Nahor ? »

— « Certes oui, et voici justement Rachel, sa plus jeune fille, qui vient avec ses moutons. » Ils montrèrent du doigt une charmante bergère qui arrivait.

Jacob courut au puits, fit rouler l'énorme pierre qui en bouchait l'ouverture, et puisa de l'eau pour les moutons de Rachel. Il lui raconta qu'il était son cousin, le fils de Rebeccah, et il l'embrassa. Rachel se précipita chez elle pour rapporter la nouvelle à son père.

Ainsi, Jacob s'installa chez son oncle Laban, et devint son berger. Un mois passa,

et Laban dit à Jacob : « Tu n'as pas à travailler chez moi sans recevoir de salaire, sous prétexte que tu es mon neveu. Dis moi ce que tu veux comme gages ? »

Jacob, qui aimait tendrement Rachel, répondit : « Je travaillerai sept ans chez toi, si tu veux bien me donner ta fille Rachel comme épouse. »

Laban accepta. Jacob travailla donc sept ans chez Laban. Mais ces années passèrent aussi vite que quelques jours, tellement il aimait Rachel.

Au bout des sept ans, Jacob dit à Laban : « Donne moi maintenant ma femme, comme tu l'as promis. »

Laban réunit alors tous les gens du voisinage, et fit un grand repas de noces. Le soir

venu, il fit entrer la mariée. Un voile la cachait,
et on ne pouvait voir son visage. Jacob la prit
pour femme. Mais au matin, lorsqu'elle leva
son voile, il vit que son épouse n'était pas
Rachel, mais Léah, sa sœur aînée.

— « Que m'as-tu fait ?, cria-t-il à Laban,
j'ai travaillé sept ans pour Rachel, et tu m'as
donné Léah. »

— « Ce n'est pas l'habitude de notre pays
de marier la plus jeune avant l'aînée », répondit Laban. « Attends donc une semaine,
et je te donnerai Rachel comme seconde
femme. Mais tu devras travailler encore sept
ans pour moi. »

Ainsi, Jacob travailla encore sept autres
années pour Rachel, car il l'aimait.

Jacob devient Israël

A la fin des quatorze ans, Jacob dit à Laban :
« Maintenant, laisse moi emmener ma famille,
et retourner à Canaan. » Car il désirait fort
revoir son père, sa mère, et son pays. Mais
Laban supplia Jacob de rester encore. Jacob
prit donc soin des moutons de Laban six années de plus. Il recevait des moutons et des
chèvres, comme salaire.

Pendant toutes ces années, Léah lui avait
donné de nombreux fils et une fille. Mais
Rachel n'avait qu'un seul enfant, un fils, Joseph. Il était le plus jeune de onze frères.
Enfin, lorsque Joseph eut sept ans, Jacob fit
monter ses femmes et ses enfants sur des
chameaux, prit son bétail, ses moutons et ses
chèvres, et se mit en route pour la maison de
son père, en Canaan.

Quand il arriva au fleuve le Jourdain, il
envoya des messagers en avant, pour savoir
ce qu'était devenue la colère d'Esaü après tant
d'années.

Les messagers revinrent en disant :
« Esaü vient à ta rencontre, avec quatre cents
hommes. »

Le cœur de Jacob s'emplit de crainte.

« O Seigneur Dieu, implora-t-il, sauve
moi de la main de mon frère Esaü, car j'ai

peur qu'il ne me tue avec les mères et les enfants. »

Quand il vit arriver son frère, il s'approcha avec anxiété, et se prosterna sept fois
devant lui. Mais Esaü n'était plus en colère.
Il courut à la rencontre de son frère, et le
serra entre ses bras. La vieille querelle était
oubliée.

Jacob et sa famille continuaient à se dé-
placer lentement à travers le pays de Canaan.

A Bethel, où Jacob avait rêvé de l'échelle
qui atteignait le ciel, ils s'arrêtèrent pour
rendre grâce à Dieu.

De nouveau, Jacob entendit la voix de
Dieu.

— « Ton nom ne sera plus Jacob, mais
Israël. Tu seras le père d'un grand peuple. Ce
pays, que j'ai donné à Abraham et à Isaac,
Je te le donne, à toi et aux enfants de tes
enfants, pour toujours. »

Une fois de plus, Jacob et sa famille re-
partirent. Près de Bethléhem, Rachel eut un
deuxième enfant, un fils nommé Benjamin.
C'est là qu'elle mourut.

Jacob arriva enfin à Hebron, dans la
maison de son père. Rebeccah était morte pendant qu'il était au loin. Mais Isaac était encore
en vie.

Jacob dressa ses tentes près de la tente de son père, et il prit soin de lui tout le reste de ses jours.

Dès ce temps là, Jacob fut appelé Israël, ce qui veut dire « prince de Dieu ». Ses enfants, et les enfants de ses enfants sont appelés les enfants d'Israël.

L'histoire de Joseph

La tunique neuve

De tous ses fils, Jacob préférait Joseph, Il ressemblait à sa mère, la belle Rachel, qui était morte quand il avait sept ans. Chaque fois que Jacob le voyait, il pensait à Rachel, qu'il avait tant aimée.

Un jour, Jacob offrit à Joseph une splendide tunique de toutes couleurs. Ce n'était pas une tunique courte de berger, c'était une longue tunique, comme en portaient les princes et les capitaines. Aucun de ses frères n'en avait une pareille. Joseph mit donc sa belle tunique neuve et courut vers ses frères qui gardaient les moutons dans les pâturages. Ils se mirent en colère à sa vue.

— « C'est exactement ce que nous pensions, murmurèrent-ils, notre père préfère Joseph à nous tous. Il veut faire de lui notre chef. »

Depuis ce jour là, les frères furent jaloux de Joseph, et ils le surveillaient sans cesse.

C'était le temps de la moisson. Toute la famille travaillait aux champs. Ils coupaient les blés mûrs, et les liaient en bottes ou gerbes.

Un matin, Joseph dit à ses frères :

« Ecoutez, mes frères, le rêve que j'ai rêvé cette nuit. Nous étions tous en train de lier des gerbes de blé, lorsque, soudain, ma

gerbe se dressa debout. Vos gerbes l'entou-
rèrent et se prosternèrent devant elle. »

— « Crois-tu vraiment que tu vas tous
nous gouverner ? », répondirent ses frères,
« allons-nous nous prosterner devant toi,
comme les gerbes de blé ? »

Le lendemain matin, Joseph leur raconta
un nouveau rêve qu'il venait de faire : « Voici
que dans mon rêve, dit-il, le soleil, la lune, et
onze étoiles se prosternaient devant moi. »

Cette fois, son père le gronda. « Quelle
sorte de rêve as-tu donc fait ? Est-ce que ta
mère, moi-même et tes frères nous viendrons
devant toi, nous prosterner jusqu'à terre ? »

Les frères haïssaient Joseph, à cause de
ses rêves, et parce qu'il les racontait.

Il arriva, peu après cela, que les frères
s'en allèrent pour faire paître leurs troupeaux,
près de Sichem. Au bout de quelque temps,
Jacob leur envoya Joseph, afin de savoir si
tout allait bien chez eux. Joseph partit donc
de Hébron, et retrouva ses frères dans un
champ, à une grande distance de la maison.
Ils le virent arriver de loin. Il portait la tunique multicolore, et leur colère s'enflamma
à sa vue.

— « Regardez, s'écrièrent-ils, voici le
rêveur qui vient. Tuons-le, et nous verrons
bien ce qu'il adviendra de ses rêves. »

Mais Ruben, l'aîné, vint au secours de
Joseph.

— « Ne versez pas le sang de votre
frère », supplia-t-il, « voyez ce puits. » Et il
montra du doigt un trou profond qui avait

un jour contenu de l'eau. — « Jetez-le dans ce trou, mais ne le tuez pas. »

Ruben avait l'intention, plus tard, quand ses frères seraient occupés ailleurs, de retirer Joseph du puits et de le ramener à son père.

Les frères arrachèrent la tunique de Joseph, la tunique de toutes couleurs, et le jetèrent dans le puits. Puis Ruben s'en alla, et les autres s'assirent pour prendre leur repas. En levant les yeux, ils aperçurent tout à coup une caravane d'Ismaëlites qui se dirigeaient vers l'Egypte. Leurs chameaux étaient chargés d'épices. L'un des frères, Judah, savait que ces gens là achetaient des jeunes gens, filles ou garçons, pour les revendre comme esclaves dans des pays lointains.

Il dit à ses frères : « Pourquoi devrions-nous laisser mourir Joseph dans ce puits ? Il est notre frère. Vendons-le donc à ces Ismaëlites. Ils l'emmèneront bien loin d'ici, et ainsi, jamais il ne pourra nous gouverner. »

Les frères acceptèrent. Ils tirèrent Joseph du puits et le vendirent aux Ismaëlites. Ruben, l'aîné, revint alors, et se précipita vers le puits. Mais Joseph n'y était plus.

— « Le garçon n'est plus là, s'écria-t-il, comment pourrons nous rentrer à la maison, chez notre père ? »

Les frères prirent la tunique multicolore, la trempèrent dans le sang d'un chevreau, et l'envoyèrent à leur père avec ce message : « Voici ce que nous avons trouvé. Regarde si c'est la tunique de ton fils ou non. »

Jacob la reconnut aussitôt.

— « C'est la tunique de mon fils. Une bête sauvage l'a tué. Mon fils Joseph a été déchiré par une bête sauvage. »

Et Jacob porta très longtemps le deuil de son fils. Tous ses enfants essayaient de le consoler, mais il refusait de se laisser consoler.

Joseph descend en Egypte

Les marchands Ismaëlites descendirent jusqu'en Egypte, emmenant Joseph avec eux. Là, ils le vendirent à Putiphar, officier du roi Pharaon. Combien l'Egypte était différente du lieu natal de Joseph à Canaan, avec ses pâturages à flanc de côteaux, ses troupeaux de moutons et de chèvres ! Le pays d'Egypte était tout plat, et traversé par un large fleuve. Il y avait de grandes villes et de grands temples. Dans les temples, les gens adoraient des images d'animaux qu'ils croyaient être des dieux : le taureau, le crocodile, le chat. Mais Joseph ne priait que le Dieu d'Israël.

Tout ce que Joseph entreprenait réussissait si bien, que Putiphar était très content de lui et qu'il en avait fait son homme de confiance. Il l'avait chargé de veiller à tout : sa maison, ses champs, et tout ce qu'il possédait.

Mais voici que Joseph eut de nouveaux ennuis. La femme de son maître se mit en colère contre lui, bien qu'il n'eût rien fait de mal. Elle alla raconter à son mari de vilaines histoires sur Joseph, tout à fait fausses. Mais Putiphar crut ce que lui racontait sa femme, et il mit Joseph en prison.

Le gardien de la prison, lui aussi, aimait bien Joseph, et il avait confiance en lui. Il le chargea de s'occuper des autres prisonniers. Il y avait parmi eux deux prisonniers d'importance : le chef des échansons et le chef des boulangers de Pharaon, qui avaient fâché le roi.

Un matin que Joseph apportait au panetier et à l'échanson leur nourriture, il remarqua qu'ils avaient l'air soucieux.

— « Pourquoi avez-vous l'air si tristes ? » leur demanda-t-il.

— « Nous avons eu des rêves, la nuit

dernière », répondit l'échanson, « et personne ne peut nous en expliquer le sens. »

— « Racontez-moi vos rêves, peut-être pourrai-je vous aider », dit Joseph.

L'échanson raconta le premier : « J'ai rêvé que je voyais une vigne, avec trois grappes de raisins mûrs. J'ai pressé les raisins dans la coupe de Pharaon, et j'ai placé la coupe dans sa main. »

« Voici l'explication de ton rêve », dit Joseph, « dans trois jours, Pharaon te fera sortir de prison, et tu lui serviras du vin dans sa coupe, comme tu le faisais auparavant. »

Ensuite, le boulanger parla : « Moi aussi, j'ai eu un rêve. J'ai rêvé que je portais trois paniers sur ma tête. Le panier du haut était rempli de toutes sortes de gâteaux pour Pharaon, mais les oiseaux y picoraient et les ont mangé. »

— « Ton rêve à toi n'est pas un bon rêve », dit Joseph, « dans trois jours, tu vas mourir. »

Et tout se passa ainsi. Trois jours plus tard, c'était le jour de l'anniversaire de Pharaon. L'échanson fut libéré de prison et renvoyé au Palais. Mais le boulanger fut pendu.

Avant que l'échanson s'en aille, Joseph lui dit : « Souviens-toi de moi, et parle en ma faveur à Pharaon, afin qu'il me fasse sortir de cette prison. Car je n'ai rien fait de mal, pour qu'on me garde ici. »

Mais l'échanson oublia Joseph.

Les rêves de Pharaon

Deux années avaient passé, et Joseph était toujours en prison, lorsque, une nuit, Pharaon fit un rêve. Il rêva qu'il se trouva sur le bord du Nil. Tout à coup, sept vaches bien grasses sortirent du fleuve et se mirent à paître l'herbe de la rive. Derrière elles montèrent sept autres vaches, maigres et chétives. Pharaon n'en avait jamais vu d'aussi vilaines dans tout le pays d'Egypte. Les sept vaches maigres engloutirent les sept vaches grasses. Mais elles n'avaient pas du tout l'air plus grasses après cela. Et Pharaon s'éveilla.

Il se rendormit bientôt et fit un second rêve. Cette fois-ci, il vit sept épis de blé, gonflés et pleins, qui poussaient sur une même tige. Après eux, sortirent sept autres épis, maigres et secs. Et les sept épis maigres engloutirent les sept épis gras et pleins.

Lorsque Pharaon se réveilla le matin, il était très soucieux. Il envoya chercher tous ses magiciens et ses sages, mais aucun ne put lui expliquer ce que signifiaient ses rêves. Soudain, le chef des échansons se rappela Joseph. Il raconta au roi comment lui-même et le boulanger avaient rêvé, en prison, il y avait bien longtemps, et comment un jeune garçon, un Hébreu, avait expliqué leurs rêves.

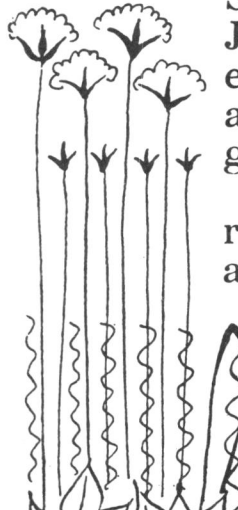

— « Tout ce qu'il nous avait dit s'est réalisé », dit l'échanson. « Moi, j'ai été ramené au Palais et le boulanger a été pendu. »

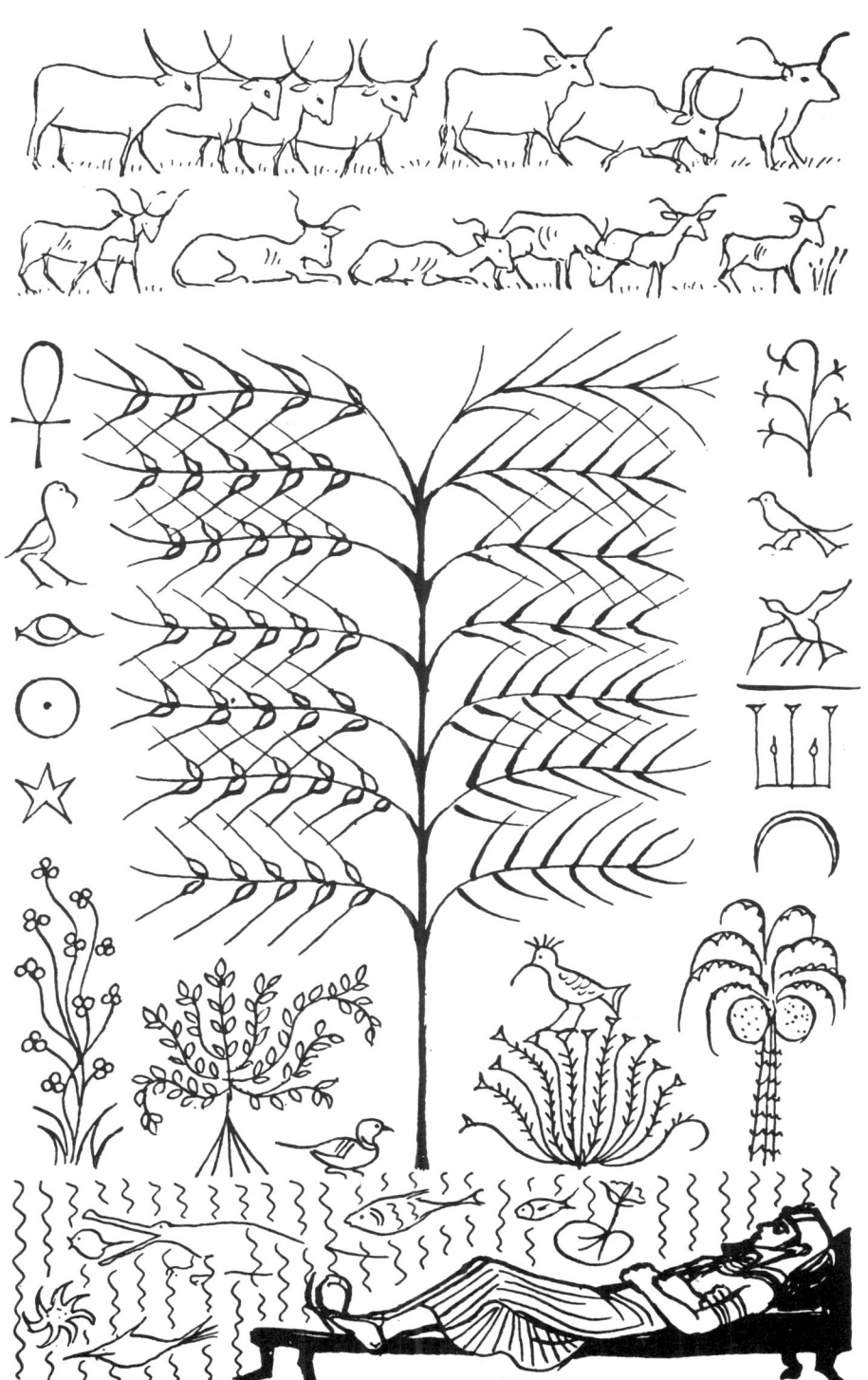

On envoya donc chercher Joseph. On le sortit bien vite de prison, on lui donna un bain, on lui mit des vêtements propres, et on l'amena devant le roi.

Pharaon le regarda du haut de son trône et lui dit : « On m'a dit que tu comprenais les rêves, et que tu savais les expliquer. »

— « Ce n'est pas moi, répondit Joseph, Dieu seul peut donner à Pharaon une réponse vraie. »

Pharaon raconta donc ses rêves à Joseph, le rêve des sept vaches maigres qui engloutirent les sept vaches grasses, et le rêve des épis de blé, maigres et secs, qui engloutirent les épis gras et gonflés.

Et Joseph dit : « Les deux rêves de Pharaon n'en font qu'un seul. Dieu a envoyé ces rêves pour te prévenir de ce qu'Il va faire. Les sept vaches sont sept années et les sept épis de blé sont sept années. Voici que sept années d'abondance viennent pour l'Egypte. Il y aura tant de nourriture qu'il sera impossible de tout manger. Mais après viendront sept années de famine, où plus rien ne poussera de la terre. Les bonnes années seront tout à fait oubliées, à cause des mauvaises. »

— « Que faire ? » demanda Pharaon.

Joseph répondit : « Trouve un homme sage, à qui tu peux te fier, et donne lui le pays en charge. Qu'il nomme des fonctionnaires qui amasseront une partie du blé pen-

dant les années d'abondance, et qui le mettront de côté dans de grands magasins. Quand viendront les sept années de famine, tu pourras ouvrir les magasins et tout le peuple aura de quoi manger. »

Pharaon dit à Joseph : « Personne n'est plus sage que toi. Je te charge de ma maison. Tout ce que tu ordonneras, le peuple le fera. Vois, je te donne en charge tout le pays d'Egypte. »

Pharaon ôta alors son anneau d'or, qui portait le sceau du roi, et le mit dans la main de Joseph. Il le fit vêtir de lin blanc et lui offrit son char royal.

Joseph parcourut le pays de haut en bas, pour bien le connaître. Les bonnes années arrivèrent. Il amassa le blé et l'enferma dans des magasins, dans les villes. Il y avait tant de blé, qu'on ne pouvait le mesurer. Il était empilé dans les magasins, comme le sable au bord des mers.

Pendant ces bonnes années là, Joseph se maria, et il eut deux fils. Il nomma le premier Manassé et le second Ephraïm.

Les sept bonnes années se terminèrent et les sept années mauvaises commencèrent, exactement comme Joseph l'avait prédit. Rien ne poussait en Egypte, ni dans les pays à l'entour. Joseph fit ouvrir les magasins et, de toutes parts, les gens vinrent pour acheter du blé.

Les frères en Egypte

Au pays de Canaan, il n'y avait plus rien à manger. Jacob dit à ses fils : « J'ai entendu dire qu'il y a du blé en Egypte. Allez-y, et rapportez de quoi manger, afin que nous ne mourions pas. »

Joseph regardait un jour la foule des gens, venus pour acheter du blé. Tout à coup, parmi eux, il vit ses propres frères, tous, sauf Benjamin, le plus jeune. Il les reconnut aussitôt, mais eux ne le reconnurent pas, car à leur dernière rencontre il n'était qu'un jeune garçon. Ils se prosternèrent devant lui, le visage jusqu'à terre, ne pouvant imaginer que ce grand Seigneur égyptien n'était autre que Joseph, leur frère vendu comme esclave.

Joseph fit semblant de ne pas les reconnaître, parce qu'il voulait voir s'ils avaient changé.

— « D'où venez-vous », demanda-t-il.

— « Du pays de Canaan, pour acheter de quoi manger. »

— « Vous êtes des espions ! » dit Joseph rudement.

— « Oh, non, mon Seigneur ! Nous sommes des gens honnêtes, pas des espions. Nous sommes douze frères, tous fils d'un même père, du pays de Canaan. »

— « Douze, dites-vous ? Où donc sont les deux autres ? »

— « Le plus jeune est resté auprès de notre père et l'autre nous a quittés. »

— « C'est bien ce que je disais, vous êtes des espions », insista Joseph. « Mais je veux vous soumettre à une épreuve. Si vous êtes des gens honnêtes, que l'un de vous reste ici, en prison. Les autres rapporteront à leurs familles de quoi manger. Ils reviendront en ramenant avec eux votre plus jeune frère. Ainsi, vos paroles seront prouvées. Mais ne revenez pas sans votre jeune frère ! »

Alors, Joseph fit emprisonner Simeon sous les yeux des autres frères.

Les frères parlaient hébreu entre eux, avec une grande inquiétude, ignorant que Joseph pouvait les comprendre : « Voici que Dieu nous punit à cause de notre frère ! Car il nous suppliait de le laisser partir, et nous ne l'avons pas écouté ! »

Joseph vit combien ses frères regrettaient le mal qu'ils avaient fait et il se détourna pour pleurer. Puis il ordonna à ses serviteurs de leur donner du blé et de remettre dans leurs sacs l'argent, avec lequel ils avaient payé.

Les frères chargèrent leurs ânes, et se mirent en route. En chemin, ils firent halte dans une auberge, et Ruben ouvrit son sac pour donner du fourrage à son âne.

— « Frères, s'écria-t-il, mon argent m'a été rendu ! Le voici, dans mon sac ! »

Les frères se regardèrent en tremblant. Siméon avait été mis en prison. On leur avait rendu leur argent. Que signifiaient toutes ces choses si étranges ?

Dès qu'ils furent à la maison, ils racon-

tèrent à leur père tout ce qui était arrivé. « Le
Seigneur du pays nous a parlé rudement »,
dirent-ils. « Il a mis Siméon en prison et nous
a dit de ne pas revenir sans ramener avec nous
notre plus jeune frère. »

— « Pourquoi avez vous dit à cet homme
que vous aviez un jeune frère ? » s'écria
Jacob.

— « Il nous y a obligés », répondit
Judah. « Il nous a questionnés : « votre père
est-il en vie ? », « avez vous un autre frère ? »
Comment penser qu'il nous dirait : « Amenez
votre jeune frère en Egypte ! »

Quand le blé fut mangé, Jacob dit à ses
fils : « Retournez en Egypte, pour acheter
quelque nourriture. »

Mais ses fils répondirent : « Nous ne pouvons pas. Le Seigneur du pays nous a interdit
de revenir sans emmener notre jeune frère
avec nous. Si tu laisses Benjamin partir avec
nous, nous irons, et nous achèterons des
vivres. Sinon, nous ne pouvons pas. »

— « Non, non ! » s'écria Jacob, « Siméon n'est plus là, et voilà que vous voulez me prendre Benjamin ! Benjamin n'ira pas avec vous. Son frère Joseph m'a quitté, et il n'est plus jamais revenu. Des deux fils de Rachel, il ne me reste plus que Benjamin. »

Judah prit la parole : « Père, confie moi le garçon, et laisse nous partir immédiatement, pour que nous vivions, et que nous ne mourrions pas tous, toi et nous, et nos petits enfants. Je fais serment de te ramener Benjamin. »

Jacob finit par accepter.

« Puisqu'il en est ainsi, dit-il, préparez un cadeau pour cet homme, un peu de miel, des épices, des amandes. Et remportez l'argent que vous avez trouvé dans vos sacs. C'est peut-être une erreur. Que Dieu vous fasse trouver grâce aux yeux de cet homme, afin qu'il vous laisse ramener Benjamin, ainsi que Siméon. »

Les frères reprirent donc le chemin de l'Egypte en emmenant Benjamin avec eux. Ils emportaient des présents et aussi l'argent trouvé dans leurs sacs.

Je suis Joseph

Dès que les frères arrivèrent en Egypte, on les amena immédiatement dans la maison de Joseph.

« Vous êtes invités à prendre le repas de midi avec notre maître », dit le serviteur.

Les frères avaient très peur. Ils s'étonnaient : « Pourquoi le Grand Seigneur d'Egypte nous invite-t-il chez lui ? » — « Pourquoi cherche-t-il un prétexte, s'il veut se saisir de nous, et faire de nous des esclaves ? »

Mais le serviteur leur parlait avec bonté, et leur amena Siméon qu'il avait fait sortir de prison. Ensemble, les onze frères furent conduits à Joseph. Ils se prosternèrent devant lui jusqu'à terre.

— « Votre vieux père, dont vous m'avez parlé, se porte-t-il bien ? » demanda Joseph. « Vit-il encore ? »

Ils répondirent : « Notre père vit encore et se porte bien. »

Joseph monra Benjamin du doigt : « Est-ce là votre jeune frère dont vous m'aviez parlé ? Que Dieu te soit favorable, mon fils. »

Il quitta brusquement la salle, car il aimait son frère Benjamin, et ne pouvait retenir ses larmes. Il rentra dans son appartement privé, pour y pleurer à son aise. Puis, il se lava le visage, et revint dans la grande salle.

— « Qu'on serve le repas ! », ordonna-t-il

Les frères eurent la grande surprise de

se trouver placés par ordre d'âge, du plus âgé au plus jeune. Ils se regardaient l'un l'autre avec étonnement. Comment l'Egyptien pouvait-il connaître l'âge de chacun ?

Après le repas, Joseph appela son serviteur à part et lui dit :

« Remplis leurs sacs de vivres et mets l'argent de chacun dans son sac, comme tu l'as fait la dernière fois. Ensuite, prends ma coupe d'argent, et mets la dans le sac du plus jeune. »

Le serviteur fit tout ce que Joseph lui avait ordonné.

Le lendemain matin, les frères prirent la route, avec leurs ânes. Ils n'étaient pas encore loin de la ville, quand ils virent le serviteur de Joseph qui les poursuivait.

— « Mon maître a été bon avec vous », dit-il, « pourquoi avez-vous volé sa coupe d'argent ? C'est une bien mauvaise action que vous avez commise là ! »

— « Pourquoi nous parles-tu ainsi », s'écrièrent les frères. « Quand nous avons trouvé l'argent dans nos sacs, nous l'avons rapporté de Canaan. Comment aurions nous dérobé de l'argent ou de l'or de la maison de ton maître ? Si tu trouves la coupe chez l'un de nous, qu'il meure ! »

Rapidement, les frères déposèrent leurs sacs à terre, et les ouvrirent. Le serviteur

fouilla les sacs, l'un après l'autre et finit par trouver la coupe dans celui de Benjamin. Alors, les frères poussèrent des cris de désespoir. Ils rechargèrent leurs ânes, et retournèrent à la ville.

Arrivés devant Joseph, ils se prosternèrent jusqu'à terre.

— « Que te dire, ô Seigneur ? », s'écrièrent-ils. « Comment te prouver que nous sommes innocents ! Voici, nous sommes tous tes esclaves ! »

Joseph répondit : « Seul l'homme chez qui la coupe a été trouvée sera mon esclave. Tous les autres peuvent retourner en paix à la maison de leur père. »

Alors Judah s'approcha de Joseph, et lui dit :

« O mon Seigneur, je t'en prie, écoute moi, et ne te mets pas en colère. Benjamin est un enfant qui est né à notre père dans sa vieillesse. Notre père l'aime. La mère de ce garçon avait mis au monde deux fils. L'un d'eux s'en est allé pour ne jamais revenir. S'il arrive un malheur à celui-ci maintenant, notre père en mourra de chagrin. Je t'en prie, que moi, je sois ton esclave à sa place. Et laisse Benjamin retourner chez son père. »

Alors, Joseph ne put se contenir plus longtemps. Il fit sortir de la salle tous les serviteurs égyptiens.

— « Je suis Joseph », s'écria-t-il, « parlez moi de mon père ! »

Les frères étaient muets de frayeur et de stupéfaction !

— « Approchez-vous, je vous en prie »,
leur dit Joseph. « Ne voyez-vous pas que je
suis Joseph, votre frère. Ne vous affligez pas
de m'avoir vendu pour être esclave en Égypte.
Ce n'est pas vous, mais Dieu qui m'a envoyé
ici. Il m'a envoyé en avant pour vous sauver
la vie, à vous comme à d'autres. Allez vite
raconter tout cela à notre père. »

Puis Joseph se jeta au cou de Benjamin,
et l'embrassa. Ensuite, il embrassa tous ses
frères.

Tandis qu'ils parlaient ensemble, des
messagers vinrent, de la part de Pharaon, et
dirent : « Dis à tes frères d'aller chercher
leur père et leurs familles. Donne leur des
chariots, pour ramener leurs femmes et leurs
enfants. Ce qu'il y a de meilleur dans le pays
d'Égypte sera pour eux. »

Les frères retournèrent donc chez leur père au pays de Canaan.

— « Père, père, Joseph vit encore ! », s'écrièrent-ils. « C'est lui qui gouverne tout le pays d'Egypte. »

Jacob ne pouvait le croire.

Ils lui rapportèrent alors toutes les paroles que Joseph leur avait dites et lui montrèrent les chariots qu'il avait envoyés. Il finit par y croire, et son cœur s'emplit d'une grande joie.

— « Joseph, mon fils, vit encore », dit-il, « j'irai, et je le verrai avant de mourir. »

Ainsi Jacob, ses fils et ses filles, ses petits enfants et ses arrière-petits-enfants, descendirent en Egypte. Joseph se précipita à la rencontre de son père. Il lui présenta ses fils, Ephraïm et Manassé.

— « Je ne pensais pas te revoir encore », dit Jacob à son fils, « et Dieu m'a permis de voir aussi tes fils ! »

Il plaça ses mains sur la tête des garçons, et les bénit en disant : « Que le Dieu de mes pères Abraham et Isaac, le Dieu qui a pris soin de moi toute ma vie, bénisse ces garçons. Puissent-ils devenir un grand peuple et être appelés d'après mon nom : « les enfants d'Israël ».

Ainsi Jacob, et toute sa famille, s'installèrent dans le pays d'Egypte. Pharaon leur donna les riches pâturages de Goshen, et ils s'établirent là, avec leurs troupeaux. Et Joseph prit soin de son père tout le reste de ses jours.

L'histoire de Moïse

Le bébé caché

De nombreuses années avaient passé. Jacob, Joseph et tous ses frères étaient morts. Mais leurs petits enfants et leurs arrière-petits enfants habitaient toujours l'Egypte. Ils devenaient même de plus en plus nombreux.

A ce moment là, un nouveau Pharaon monta sur le trône d'Egypte. C'était un roi orgueilleux et cruel.

— « Je suis le plus grand de tous les rois », disait-il, « tous les hommes sont mes esclaves. »

Et les Egyptiens se prosternaient devant lui, le visage contre terre et disaient :

— « Pharaon est un dieu ! »

Le nouveau Pharaon vit les enfants d'Israël, hommes libres, qui gardaient leurs troupeaux au pays de Goshen, et il dit : « Les Israélites sont trop nombreux, et trop puissants. Ils seront mes esclaves. Ils me construiront des villes pour y mettre en réserve des provisions, en cas de guerre. Ce travail pénible les affaiblira. »

Le plus ancien des sages de Pharaon prit la parole, timidement : « O, Pharaon, les Israélites appartiennent à la famille de Joseph ! Ne te souviens-tu pas de Joseph, qui a sauvé l'Egypte, au temps de la grande famine ? »

Mais Pharaon ne voulait rien écouter.

Les enfants d'Israël furent arrachés à

leurs moutons et à leurs chèvres. Tout le jour, ils devaient travailler dans les briqueteries et, dans les champs, mélanger l'argile à la paille, cuire les briques dans des fours brûlants. Et les murs des cités nouvelles s'élevaient, de plus en plus hauts. Des chefs de corvée surveillaient les Israëlites. Si l'un d'entre eux se reposait un court instant, ou levait la main pour essuyer la sueur de son front, clac, sur son dos, sifflait le fouet. Beaucoup d'Hébreux moururent à leur tâche. Mais les bébés venaient au monde de plus en plus nombreux, et il y avait ainsi autant d'Israëlites qu'avant !

Alors, Pharaon imagina un plan terrible et cruel. Il envoya des messagers dans tout le pays avec l'ordre suivant : « Chaque petit garçon hébreu doit être jeté au fleuve, dès sa naissance ! »

« Bientôt, il n'y aura plus d'Hébreu », dit-il.

Dans une petite cabane, tout près du palais royal, un petit bébé hébreu, un garçon, venait juste de naître. Il reposait dans les bras de sa mère, Johebed. Sa sœur, Myriam, le regardait.

— « O, mère », dit-elle, « qu'allons-nous faire ? Nous ne pouvons pas laisser ces méchants le jeter à l'eau ! »

Sa maman la consola : « Nous allons le cacher et toi, Myriam, tu vas m'aider. »

Pendant trois mois, Myriam s'occupa de son petit frère, pendant que sa maman travaillait aux champs. Mais plus le bébé grandissait, plus il devenait difficile de l'empêcher de crier. Un soir, Myriam venait d'arriver à l'endormir, quand un officier de Pharaon passa à cheval devant la porte. Elle le suivit des yeux avec inquiétude, jusqu'à ce qu'il soit hors de vue.

« O mon petit frère », lui dit-elle à l'oreille, « heureusement que tu t'es endormi. Si le soldat t'avait entendu pleurer tu serais peut-être dans la rivière maintenant !»

Ce même soir, la famille décida qu'il n'était pas prudent de garder le bébé à la maison. « Nous devons le confier à la grâce de Dieu », dit Johebed.

Elle descendit à la rivière, et coupa une brassée de longs roseaux qui poussaient près du bord. Elle en tressa un petit panier, en forme de bateau. Myriam l'aida à boucher les fentes avec du goudron, à l'intérieur et à l'extérieur, pour que l'eau ne pénètre pas. Le lendemain matin, Johebed déposa doucement le bébé dans le panier, et le mit sur la rivière parmi les joncs. Myriam se cacha dans les grands roseaux pour le surveiller. L'eau de la rivière berçait gentiment le bébé, dans son petit panier.

Soudain, on entendit des rires et des voix joyeuses. La fille de Pharaon venait du Palais pour se baigner dans la rivière. Myriam la vit qui montrait du doigt le petit panier flottant dans les joncs. Une des servantes avança dans l'eau, et le lui rapporta. La princesse regarda dedans et s'écria :

— « Un bébé ! Ce doit être un petit enfant des Hébreux ! »

Le cœur de Myriam s'arrêta de battre. La princesse allait-elle livrer le bébé aux soldats ? Mais la fille de Pharaon était gentille et bonne. Myriam l'entendit qui disait :

— « Pauvre petit, ce n'est pas étonnant que tu pleures ! Je vais te garder. Tu seras comme mon enfant. Je t'appellerai Moïse. »

Myriam courut alors vers la princesse, s'inclina devant elle, et lui dit :

— « Le bébé a faim, Princesse. Veux-tu que je te cherche une femme parmi les Hébreux pour lui servir de nourrice ? »

— « Va », dit la princesse.

Myriam courut chez elle pour chercher sa mère, qu'elle ramena bien vite.

— « Prends cet enfant et élève le pour moi », dit la princesse. « Dès qu'il sera assez grand, tu devras me l'amener, au palais. »

Joyeusement, Johebed remporta son bébé à la maison.

Ainsi, le petit Moïse était sauvé. Sa propre mère prenait soin de lui.

Le bébé
et la couronne

Quand Moïse n'eut plus besoin de nourrice, la Princesse l'envoya chercher, et il vint vivre au Palais. C'était un enfant magnifique. Même le sévère et cruel Pharaon souriait en le voyant.

Un jour, la princesse était assise derrière son père, avec le petit Moïse dans les bras, lorsqu'un rayon de soleil se glissa entre les colonnes de la grande salle, et tomba sur la couronne de Pharaon. Les diamants qui étincelaient, attirèrent le regard du bébé. Il tendit les mains, ôta la couronne de la tête de Pharaon, et la mit sur sa propre tête.

Le visage de Pharaon s'assombrit de colère.

— « Cet enfant vient de faire une chose terrible ! Quelle en est la signification ? », demanda-t-il.

Un des sages répondit : « O, Pharaon, la signification en est très claire. Cet enfant convoite ta couronne. Tant qu'il vivra, le royaume de Pharaon ne sera pas en sécurité. Que cet enfant soit immédiatement mis à mort ! »

La princesse serra le petit Moïse dans ses bras.

Un autre sage prit la parole.

— « Si tu le veux bien, ô Pharaon, soumettons l'enfant à une épreuve. Fais déposer devant lui deux plateaux, l'un rempli de charbons ardents, l'autre de bijoux. Si l'enfant saisit les bijoux, ce sera le signe qu'il convoite ta couronne, et il sera mis à mort. S'il saisit les charbons, nous saurons que ce qu'il a fait n'était qu'un jeu d'enfant. Dans ce cas, sa vie sera épargnée. »

Le roi accepta l'épreuve. On apporta les deux plateaux. De nouveau, l'éclat des joyaux attira le regard du petit Moïse, et il tendit les mains pour les attraper. Mais Dieu envoya un ange, qui poussa ses mains de l'autre côté, et les plaça sur le charbon ardent. Le charbon brûla les doigts de l'enfant, qui les porta vivement à sa bouche et se brûla la langue. C'est pourquoi même lorsqu'il fut plus grand, Moïse ne put jamais parler très clairement. Mais il eut la vie sauve.

Moïse se souvient de son peuple

Moïse grandissait au palais. Il portait de beaux habits et jouait avec les petits princes dans les jardins.

La fille de Pharaon lui racontait l'histoire des dieux égyptiens. L'un avait l'apparence d'un chat, l'autre d'un crocodile, l'autre d'un taureau. Mais souvent, maintenant qu'il était grand, Moïse se glissait à travers les jardins jusqu'à la rivière où l'attendait sa véritable maman. Et là, elle lui racontait l'histoire du Dieu d'Israël et de son peuple, les Enfants d'Israël.

— « Il y a bien, bien longtemps », disait-elle, « les Hébreux étaient des hommes libres, au pays de Canaan. Un jour viendra où nous serons délivrés de l'esclavage et nous retournerons dans ce pays. Dieu l'a promis. N'oublie pas que tu es un Hébreu, mon fils ! »

Moïse ne l'oublia jamais.

Dès qu'il en eut l'âge, Moïse fut envoyé à l'école avec les petits princes égyptiens. Il apprit là tout ce que les sages d'Egypte pouvaient lui enseigner. Il devenait un jeune prince élégant et gracieux et il aurait pu vivre heureux, au palais, tout le reste de ses jours. Mais il pensait à ses frères, les esclaves hébreux. Un jour, il voulut les voir et alla dans les champs et les briqueteries où ils travaillaient. Son cœur s'emplit d'une grande pitié, quand il les vit, courbés et gémissants, sous leurs lourds fardeaux.

Un vieil homme, dans un champ, fit un faux-pas et s'écroula. Le chef de corvée leva son long fouet et en cingla longtemps et cruellement le dos du pauvre esclave. L'homme criait de douleur. Plein de pitié et de colère, Moïse se tourna vers le chef de corvée et le frappa. L'Egyptien s'abattit à ses pieds, mort.

Le lendemain, Moïse sortit à nouveau dans les champs. Cette fois, il vit deux Hébreux qui se battaient. « Pourquoi frappes-tu ton prochain ? », dit-il à l'un d'entre eux.

L'homme répondit : « Qui a fait de toi un prince et un juge ? Veux-tu me tuer comme tu as tué l'Egyptien ? »

Moïse sut alors que la chose était connue et qu'il devait immédiatement quitter le pays d'Egypte.

C'est ainsi qu'il s'enfuit au pays de Madian.

Moïse se marie

Le soir tombait lorsque Moïse s'arrêta pour se reposer près d'un puits. Au moment où il s'asseyait, arrivèrent sept bergères qui puisèrent de l'eau pour leurs troupeaux. Elles avaient rempli l'auge et y menaient leurs moutons, lorsque survint une bande de rudes bergers. Ils repoussèrent les jeunes filles et menèrent boire leurs propres moutons. Moïse bondit, et chassa ces bergers, lâches et poltrons. Puis, il aida les jeunes filles à abreuver leurs moutons.

Or, ces jeunes filles étaient des sœurs, filles d'un prêtre de Midian, nommé Jethro. Dès leur retour à la maison, leur père s'étonna de les voir rentrer si tôt, car d'habitude, tous

les autres jours, les bergers les mettaient en retard.

    — « Un Egyptien est venu à notre aide, et a chassé les bergers », répondirent-elles. « Il a aussi puisé de l'eau pour nous, et abreuvé le troupeau. »

    — « Où est cet homme maintenant ? », demanda leur père. « Allez vite l'inviter à partager notre repas. »

    Alors, Tsiporah, l'aînée des filles, retourna vite au puits et ramena Moïse.

    Moïse resta chez Jethro, et devint son berger. Il épousa Tsiporah, et ils eurent deux fils. Moïse appela le premier Guershom, ce qui signifie « étranger », car il dit : « J'étais un étranger ici. » Il nomma le second Eliezer, ce qui veut dire « Dieu est mon aide ».

Le buisson ardent

Il n'y eut jamais de berger plus fidèle et plus doux que Moïse. Une fois, un petit agneau s'était sauvé du troupeau. Moïse se mit à sa recherche, à travers les ronces et les broussailles, et finit par le rattraper, au bord d'un ruisseau.

— « Pauvre petit, je ne savais pas que tu avais si soif », dit Moïse. Tout doucement, il souleva l'agneau, le posa sur ses épaules et le porta jusqu'au troupeau.

Dieu dit alors : « Moïse a pitié des moutons et des chèvres de son troupeau. Je vais

faire de lui le berger de Mon troupeau, les Enfants d'Israël. »

Pendant toutes ces années, Moïse n'avait jamais oublié ses frères en Egypte. Un jour, il pensait à eux en gardant les moutons dans le désert, près du mont Horeb. Tout à coup, levant les yeux, il vit un buisson que le feu brûlait mais qui ne se consumait pas.

Moïse s'approcha pour voir de plus près cet étrange spectacle, lorsqu'une voix l'appela,

du milieu du buisson ardent : « Moïse, Moïse ! »

— « Me voici », répondit-il.

— « Ote tes souliers », dit la voix. « Le lieu où tu te tiens est une terre sainte. »

En tremblant, Moïse ôta ses souliers, se prosterna, et se couvrit le visage de ses mains.

La voix reprit :

— « Je suis le Dieu de tes pères, le Dieu d'Abraham, Isaac et Jacob. J'ai entendu la plainte de Mon peuple en Égypte. Je connais ses souffrances. Le temps est venu dé le délivrer. Va chez Pharaon, et dis lui de laisser partir Mon peuple. »

Mais Moïse répondit : « O Dieu, qui suis-je, pour aller chez Pharaon ? Il ne m'écoutera pas, et les Enfants d'Israël ne m'écouteront pas non plus. Ils ne voudront pas croire que c'est Toi qui m'as envoyé ! »

— « Je serai avec toi, et je te donnerai toute l'aide dont tu auras besoin », dit Dieu.

Mais Moïse discutait encore.

— « Tu sais que je ne parle pas bien : je bégaye. »

Dieu dit : « Aaron, ton frère, parle bien. Il vient à ta rencontre. Dis lui ce qu'il devra dire, et il parlera pour toi. »

Moïse ne dit plus rien. Il rentra chez lui, et dit au revoir à Jethro, son beau-père. Puis il fit asseoir sa femme et ses deux petits garçons sur un âne, et ils se mirent en route.

En chemin, il vit Aaron, qui venait à sa rencontre comme Dieu l'avait dit. Ensemble, ils redescendirent vers le pays d'Egypte.

Laisse partir Mon peuple

Dans la grande salle du palais, Pharaon était assis sur son trône d'or. Des soldats montaient la garde autour de lui. Les prêtres et les sages attendaient ses ordres. Chaque garde tenait en main une longue lance bien pointue. Chaque sage portait une baguette magique.

Moïse et Aaron entrèrent et s'arrêtèrent devant le trône. Ils n'avaient en main que leur bâton de berger.

— « L'Eternel Dieu d'Israël nous a envoyés vers toi, ô Pharaon, Il te fait dire : laisse partir Mon peuple. »

Pharaon abaissa son regard sur les deux Hébreux, avec mépris.

— « Qui est l'Eternel, pour que je Lui obéisse ? Je ne connais pas l'Eternel, et je ne laisserai pas partir Israël. »

Les prêtres égyptiens commencèrent à se moquer, eux aussi : « Si l'Eternel est vraiment un dieu, montre nous un signe, ou un petit miracle ! »

Mais Dieu avait bien préparé Moïse à tout cela, et il savait ce qu'il avait à faire. Il jeta son bâton à terre et ce bâton se changea en serpent.

Les magiciens de Pharaon se mirent à rire et changèrent en serpents leurs baguettes eux aussi. Mais ils pâlirent brusquement, car le serpent de Moïse se mit à ramper sur le sol, et il avala tous les autres serpents. Moïse attrapa son serpent par la queue, et il redevint un bâton dans sa main.

Les Egyptiens l'observaient en tremblant.

— « Que veut dire tout cela », s'étonnaient-ils. « Serait-ce un signe que le Dieu des

Hébreux se montrera plus puissant que Pharaon ? »

Seul Pharaon n'avait pas peur. Il se tourna vers Moïse avec colère.

— « Allez-vous-en », dit-il. « Je ne veux plus entendre parler de votre Dieu ! Vous dé-

tournez votre peuple de son ouvrage, avec de pareilles idées. Il faudra leur donner un travail plus dur. Ainsi, ils n'auront pas le temps d'écouter vos sornettes ! »

Ce même jour, Pharaon envoya des ordres aux chefs de corvée : « Vous ne fournirez plus de paille aux Hébreux, pour mélanger avec l'argile. Qu'ils aillent eux-mêmes en chercher dans les champs. Mais ils devront faire exactement la même quantité de briques que lorsqu'on leur donnait la paille. »

Et maintenant, les esclaves hébreux travaillaient plus dur que jamais. Quand Moïse sortait les voir, dans les champs, ils lui criaient : « Qui t'a demandé d'aller chez Pharaon ? Tu nous a fait plus de mal que de bien ! Pharaon nous fera tous mourir par ce travail épuisant. »

Plein de tristesse, Moïse pria Dieu : « Seigneur, pourquoi m'as-tu envoyé ici ? Depuis que je me suis présenté à Pharaon, il n'est venu que du malheur pour mon peuple. »

Dieu répondit : « Pharaon est cruel et têtu. Mais je ferai survenir en Egypte de telles merveilles, qu'il saura lui aussi que Je suis l'Eternel. »

Le lendemain matin, toutes les eaux du pays d'Egypte se changèrent en sang. Pendant sept jours les Egyptiens n'eurent pas d'eau à boire.

Après cela, des grenouilles sortirent du fleuve, une multitude de grenouilles. Elles sautaient dans le palais, elles sautaient dans la chambre à coucher de Pharaon, dans son lit. Elles sautaient dans les maisons de ses serviteurs, dans les fours, dans les pétrins.

Pharaon envoya chercher Moïse et le supplia : « Prie ton Dieu, qu'Il m'enlève ces grenouilles. Je laisserai partir ton peuple. »

Moïse pria, et Dieu exauça sa prière. Mais quand Pharaon vit que les grenouilles avaient disparu, il ne voulut plus laisser partir les Enfants d'Israël.

C'est pourquoi de nouveaux malheurs s'abattirent sur l'Egypte, une plaie après l'autre : une multitude de poux et des essaims de mouches, des bêtes sauvages, une maladie du bétail, des ulcères sur les gens, une tempête de grêle qui détruisit toute l'orge et tout le lin, des sauterelles, qui fondirent sur les champs et dévorèrent la moindre parcelle de verdure trouvée sur leur passage, une profonde obscurité en plein jour.

Et chaque fois, Pharaon suppliait Moïse : « J'ai mal agi ! Prie ton Dieu qu'Il m'enlève cette plaie, et je laisserai partir les Enfants d'Israël. »

Chaque fois, Moïse priait, et Dieu faisait cesser la plaie. Mais chaque fois aussi, Pharaon manquait à sa parole. Il ne laissait point partir les Enfants d'Israël.

Alors, Dieu finit par dire à Moïse : « J'enverrai cette nuit une dernière plaie sur l'Egypte. Cette fois-ci, Pharaon vous laissera sûrement partir. A minuit, je ferai sortir d'Egypte les Enfants d'Israël. »

Le premier Pessah

C'était le soir du quatorzième jour du mois de Nissan. Au pays de Goshen, les Israélites se préparaient pour un long voyage. Ils rassemblaient leurs affaires avec précipitation. Les femmes n'avaient plus le temps de faire du pain, mais elles mettaient dans leurs bagages la pâte déjà pétrie, dans des jattes de bois. Chaque père de famille avait sacrifié un agneau et le rôtissait sur le feu. La famille le mangeait avec des herbes amères, tous debout, prêts au départ.

Soudain, à minuit, une clameur sortit du palais, un grand cri de lamentation.

« Que se passe-t-il ? », demandèrent les petits enfants des Israélites. Leurs mamans répondirent solennellement :
— « Le prince, premier né de Pharaon,

vient de mourir. La mort a frappé le premier né de chaque maison égyptienne. »

— « Va-t-elle venir chez nous aussi ? », s'effrayèrent les petits enfants.

— « Non, Dieu a eu pitié de nous. La mort est passée par dessus les maisons des Israélites, sans s'arrêter. »

Bientôt, des messagers frappèrent à chaque porte.

« Partez immédiatement. Pharaon a fait appeler Moïse et l'a supplié de vous conduire hors d'ici. Il craint l'Eternel, notre Dieu. »

C'est ainsi que les Enfants d'Israël quittèrent l'Egypte où ils avaient été des esclaves pendant tant d'années. Ils étaient des milliers, des mères avec leurs bébés dans les bras, de petits enfants accrochés aux jupes de leurs mamans, des hommes avec, attachés à leur dos, des jattes à pétrir le pain et toutes sortes d'objets domestiques. Il y avait des vaches, des moutons et des chèvres. Leur longue file s'étirait interminablement.

Au lever du jour, les Israélites s'arrêtèrent dans le désert pour se reposer. Ils n'avaient pas de pain, mais la pâte était là, pétrie, dans les jattes de bois. Elle n'avait pas levé et elle était sans sel, mais les femmes en firent des galettes rondes et plates et les mirent à cuire sous le soleil brûlant. C'était la première Matsah.

Alors, Moïse rassembla le peuple et lui dit :

— « Chaque année, au printemps, quand ce temps reviendra, vous ferez une fête pour l'Eternel, vous et vos enfants et les enfants de vos enfants, pour toujours. Ce sera la fête de la Pâque. Pendant sept jours, vous ne mangerez point de pain levé, mais seulement de la Matsah, du pain sans levain. » Lorsque vos enfants vous demanderont : « Pourquoi cette nuit est-elle différente de toutes les autres nuits », vous leur direz : « Cette nuit-là, l'Eternel nous a conduits hors d'Egypte, de l'esclavage à la liberté, de la misère à la joie. »

La mer rouge

Les Enfants d'Israël n'eurent pas plus tôt quitté l'Egypte que Pharaon changea encore d'avis.

— « Qu'avons-nous fait », dit-il, en regardant les briqueteries vides. « Pourquoi ai-je laissé nos esclaves partir en liberté ? Qui va me fabriquer des briques maintenant ? Qui va me construire des villes ? »

Il se tourna vers un de ses capitaines :

— « Où sont les Israëlites en ce moment ? »

— « Ils campent au bord de la Mer Rouge », répondit le capitaine.

Pharaon commanda : « Préparez les chars, six cents chars. Prenez vos chevaux les plus rapides. Je veux rattraper les Israëlites et les ramener ici ! »

Les Egyptiens se mirent donc en route, Pharaon et ses capitaines montés sur des chars légers, des cavaliers et des fantassins, toute l'armée d'Egypte. Les Enfants d'Israël qui campaient au bord de la Mer Rouge levèrent les yeux et virent au loin Pharaon lancé à leur poursuite. Devant eux, la mer, derrière, les Egyptiens. Dans leur frayeur, les Israëlites prirent encore Moïse à partie : « Pourquoi nous as-tu amenés jusqu'ici, pour nous faire mourir dans le désert ? »

Moïse répondit tranquillement : « N'ayez crainte. Certainement Dieu vous sauvera. »

Au moment même où il parlait, un nuage descendit et dissimula le camp d'Israël.

Alors, Moïse leva son bâton et étendit sa main au dessus de la mer. Et Dieu envoya un vent d'Est très violent. Toute la nuit, le vent souffla. Il repoussa les eaux, et les dressa en deux murs, laissant un passage libre. Par ce chemin, les Enfants d'Israël passèrent la Mer Rouge à pied sec.

Mais voici qu'arrivaient les Egyptiens, leurs chars et leurs chevaux. Ils s'engagèrent dans la mer, derrière les Israélites. Mais les

roues de leurs chars se détachèrent. Les chars se traînèrent un peu, puis se retournèrent.

— « Retournons », criaient les Egyptiens, « fuyons les Israëlites, l'Eternel combat à leur côté. »

Mais c'était trop tard. Lorsque le dernier Israëlite atteignit l'autre rive, Moïse étendit son bâton. L'eau reprit sa place et couvrit les chars, les cavaliers, et toute l'armée de Pharaon. Il n'en resta pas un seul.

Alors, Moïse et les enfants d'Israël chantèrent ce cantique, en remerciement à Dieu :
« Qui est comme Toi, ô Seigneur ?
Qui est comme Toi, Glorieux et Saint,
Accomplissant des prodiges ? »

Myriam, sœur de Moïse, prit en main un tambourin et toutes les femmes la suivirent, en dansant joyeusement.

Le pain de Dieu

Jour après jour, les Israélites poursuivaient leur voyage dans le désert. De toutes parts, à perte de vue, il n'y avait que sable et rocs. Pas d'arbres, pas d'herbe, pas d'eau. Le soleil brûlant les accablait. Soudain ils aperçurent des branches de palmiers ondoyant sous le vent. Devant eux s'étendait une prairie fraîche et verdoyante, avec douze sources d'eau et soixante-dix palmiers. Ils campèrent là. Les enfants jouaient à l'ombre des arbres. Les petits garçons grimpaient agilement le long des troncs raides et redescendaient avec des grappes de grosses dattes sucrées.

— « Allons nous rester ici ? », demandaient les enfants. Mais leurs mamans répondaient : « Moïse nous conduit vers une montagne où nous allons adorer Dieu. Ensuite, il nous amènera au pays de Canaan. Là-bas, tout est encore plus beau qu'ici. C'est un pays de collines et de vallées, où coulent des cours d'eau. »

De nouveau, les Israélites s'engagèrent dans le désert. Il devenait maintenant difficile de se procurer de la nourriture. Le peuple oubliait combien il avait souffert de l'esclavage en Egypte. Ils se rappelaient seulement tout ce qu'ils mangeaient là-bas. Et ils se plaignaient auprès de Moïse : « En Egypte, nous avions des concombres, des melons et des oignons. Nous avions des potées de viande et tout le pain que nous voulions. Tu nous as menés dans le désert pour nous faire mourir de faim ! »

Mais Moïse était patient avec son peuple. Il priait Dieu pour eux, et chaque fois, Dieu venait à leur aide.

Une fois qu'ils n'avaient pas d'eau à boire, Dieu dit à Moïse de frapper un rocher avec son bâton. Moïse frappa le rocher, et l'eau jaillit. Il y en eut assez pour tout le peuple et pour tout le bétail.

Une autre fois que le peuple avait envie de viande, des bandes d'oiseaux bruns, appelés cailles, s'abattirent sur le camp. Elles volaient si bas que les Israélites pouvaient les attraper avec leurs mains. Ce soir-là, des marmites de viande cuisaient sur tous les feux du camp.

Un matin, à leur réveil, les Enfants d'Israël trouvèrent le sol couvert de petits flocons blancs, comme du givre.

— « Qu'est-ce que c'est ? », demanda le peuple.

« C'est la manne », répondit Moïse, « le pain que Dieu vous donne. Recueillez-en une mesure pour chacun, mais n'en gardez pas pour demain. Demain, Dieu vous en enverra d'autre. »

Le peuple ramassa la manne et en mangea. Elle avait le goût d'un gâteau de miel.

Quelques-uns dirent : « Comment pouvons nous être certains que nous en aurons d'autre demain ? ». Et ils en ramassèrent une mesure de plus, et la cachèrent. Le lendemain matin, le sol était à nouveau couvert de manne, comme Moïse l'avait dit. Mais la manne que les hommes avaient cachée était pleine de vers.

Quand arriva le sixième jour de la semaine Moïse dit :

— « Aujourd'hui, vous devez recueillir une double mesure de manne. Gardez-en la moitié pour demain, car demain c'est le Saint Sabbath et vous devez vous reposer. »

De nouveau, quelques uns, parmi le peuple désobéirent à Moïse. Ils dirent : « Pourquoi en ramasser une mesure de plus. Cela va certainement se gâter ! »

Mais cette fois, la manne qu'ils avaient mise de côté, resta fraîche et sucrée le lendemain, et il n'y en avait pas d'autre sur le sol.

Depuis ce temps là, les Enfants d'Israël ne manquèrent jamais de nourriture. Jour après jour, pendant toutes les années passées dans le désert, Dieu leur envoya la manne.

Dieu parle
aux Enfants d'Israël

« La montagne du Seigneur ! La montagne du Seigneur ! »

Tout excités, les gens montraient du doigt une montagne au loin. Un nuage de fumée en cachait le sommet. C'était le Mont Sinaï, la montagne vers laquelle Moïse conduisait les Enfants d'Israël depuis plusieurs semaines.

Dans la vallée, au pied de la montagne, les Israëlites établirent leur campement et menèrent paître leurs troupeaux. Tandis qu'ils étaient au travail, Moïse monta au sommet de la montagne. Son visage resplendissait lorsqu'il redescendit.

— « Dans trois jours, l'Eternel vous parlera du haut de la montagne », dit-il. « Vous tous, hommes, femmes, enfants, vous entendrez la voix de Dieu. »

Puis, Moïse leur dit ce qu'ils avaient à faire.

— « Préparez-vous. Lavez vos vêtements. Baignez-vous dans la rivière. Mais ne vous approchez pas de la montagne avant d'avoir entendu le son du « Chofar ».

Au matin du troisième jour, le son du Chofar éveilla le peuple. Il y avait du tonnerre

et des éclairs. Moïse conduisit le peuple hors
du camp, jusqu'au pied du Mont Sinaï. La
montagne était enveloppée de fumée. La fumée montait comme la fumée d'une fournaise. Toute la montagne tremblait.

Le son du Chofar devenait de plus en plus
éclatant, et il tonnait de plus en plus fort.
Soudain, une voix parla du sommet de la
montagne.

116

— « Je suis l'Eternel ton Dieu. »

Un grand silence emplit la terre. Pas un oiseau ne chantait, pas une vache ne mugissait. Aucune créature n'osait bouger pendant que Dieu parlait aux Enfants d'Israël au Mont Sinaï.

— « Je suis l'Eternel ton Dieu qui t'ai fait sortir du pays d'Egypte, de la maison d'esclavage.

— « Tu n'auras pas d'autre dieu que Moi.

— « Tu n'invoqueras pas le nom de l'Eternel, ton Dieu, en vain.

— « Souviens-toi du jour du Sabbath pour le sanctifier. Tu travailleras six jours, et tu feras tout ton ouvrage, mais le septième jour est un Sabbath en l'honneur de l'Eternel ton Dieu. Tu ne feras, ce jour là, aucun travail, ni toi, ni ton fils, ni ta fille, ni tes serviteurs, ni tes animaux, ni l'étranger qui est dans tes murs.

— « Honore ton père et ta mère.

— « Tu ne tueras pas.

— « Tu ne commettras pas d'adultère.

— « Tu ne voleras pas.

— « Tu ne porteras pas de faux témoignage contre ton prochain.

— « Tu ne convoiteras pas. »

Dieu donna ces Dix Commandements aux Enfants d'Israël, au Mont Sinaï. Et tout le peuple répondit joyeusement :

— « Tout ce que Dieu commande, nous le ferons, et nous obéirons. »

Le veau d'or

Il y avait déjà plusieurs jours que les Enfants d'Israël avaient entendu la voix de Dieu au Mont Sinaï, lorsque Moïse leur dit :

— « Dieu m'appelle au sommet de la montagne. J'en rapporterai les Dix Commandements gravés sur des tables de pierre. Attendez mon retour. »

Il monta alors sur la montagne, et disparut parmi les nuages.

Les jours et les semaines passaient, et Moïse ne revenait toujours pas. Le peuple commençait à s'inquiéter sérieusement. Ils avaient peur. Ils discutaient ensemble en gardant leurs moutons : « Qu'est-il arrivé à Moïse ? Et s'il ne revenait plus jamais ? Qui nous guiderait hors de ce terrible désert ? »

119

Dieu qui leur avait parlé du sommet de la montagne leur semblait trop lointain. Ils désiraient un dieu qu'ils pussent voir et toucher, comme les dieux qu'ils avaient connus en Egypte.

Au bout de quarante jours et de quarante nuits, le peuple s'attroupa, autour d'Aaron.

« Moïse est parti », dirent-ils. « Nous ne savons pas ce qu'il est devenu. Fais nous un dieu pour nous conduire, un dieu que nous puissions voir, comme ceux que nous avons connus en Egypte. »

Aaron pensait : « Si je leur refuse ce qu'ils me demandent, ils retourneront en Egypte. Il faut que je les garde ici jusqu'à ce que Moïse revienne.

— « Apportez-moi vos boucles d'oreilles », leur demanda-t-il, en espérant qu'ils ne voudraient pas se séparer de leurs bijoux. Mais déjà, les hommes revenaient et jetaient à ses pieds un monceau de boucles d'oreilles en or.

Lentement, Aaron les ramassa, et les fit fondre ensemble, en une grosse masse d'or. Lentement, il se mit à sculpter un veau, avec ses outils. Il gardait les yeux fixés sur la montagne, espérant à chaque instant que Moïse reviendrait. Mais Moïse ne réapparaissait pas, et il finit par terminer son veau. Une grande clameur s'éleva dans le camp. Le peuple offrait des sacrifices au Veau d'or, le fêtait, dansait autour de lui. Tout à coup, les chants et les danses s'arrêtèrent. Le peuple venait d'apercevoir Moïse, debout sur le flanc de la montagne, l'œil brillant de colère. Il portait les tables de pierre. Il jeta les tables des Dix Commandements à terre, où elles se brisèrent en morceaux. Puis, il se précipita dans le camp, saisit le veau d'or, le fit brûler au feu et le broya jusqu'à ce qu'il fût réduit en poussière.

— « Aaron », s'écria-t-il, « pourquoi as-tu fait un veau d'or pour le peuple ? Pourquoi l'as-tu laissé violer le commandement de Dieu ? »

Alors, Aaron raconta à Moïse comment tout cela était arrivé, et le peuple écoutait, plein de frayeur et de honte. Mais la colère de Moïse était déjà passée. Il aimait son peuple plus que sa propre vie.

— « O Dieu », supplia-t-il, « pardonne à ce peuple ! Permets-moi de lui enseigner Tes voies ! »

Dieu dit à Moïse : « Remonte sur la montagne. Je te donnerai de nouvelles tables, semblables à celles qui ont été brisées. »

Moïse remonta donc sur la montagne et rapporta au peuple de nouvelles tables où étaient gravés les Dix Commandements.

Jour après jour, avec une grande patience, Moïse enseignait au peuple la loi de Dieu, les Dix Commandements gravés dans la pierre, et beaucoup d'autres lois que Dieu lui avait enseignées au sommet de la montagne. Toute sa vie, Moïse enseigna aux Enfants d'Israël à aimer Dieu et à observer Ses Commandements.

Un tabernacle

Dans le camp des Israëlites, les marteaux battaient l'enclume, les scies grinçaient joyeusement. Les Enfants d'Israël construisaient un tabernacle, une grande tente, pour y garder les tables de la Loi de Dieu. C'est là qu'ils offriraient leurs sacrifices. C'est là aussi qu'ils viendraient prier Dieu et Lui rendre grâce.

— « Betsalel, l'artiste, sera chargé du travail », avait dit Moïse, « Betsalel est habile et sage. Il vous montrera comment sculpter le bois, comment travailler l'or, l'argent et l'airain, comment enchâsser des pierres pré-

pour l'Arche de Dieu

cieuses, comment graver et broder. Tous ceux qui en ont envie pourront l'aider. » Tout le monde voulait aider. Ils se précipitaient chez Moïse, et lui apportaient de l'or et des bijoux, de l'airain, du bois, des épices, des huiles, du lin, des peaux de chèvres et de béliers, tout ce qu'ils possédaient et qui pouvait être utile. Moïse dut faire passer un mot d'ordre dans le camp : « N'apportez plus d'offrandes. Nous avons tout ce qu'il nous faut, et même davantage. »

Et le travail commença. Des hommes

coupaient les arbres qui poussaient dans les montagnes. Ils les rabotaient et en faisaient des poutres pour la charpente de la grande tente. Les tanneurs raclaient les peaux pour en faire de solides couvertures pour le toit et les côtés. D'autres travaillaient l'airain, penchés sur les feux ardents, et le façonnaient en joints, crochets ou anneaux. Les femmes tissaient des rideaux de lin et de poils de chèvre. Les teinturiers plongeaient les peaux et les rideaux dans des marmites de teinture bouillante, rouge, bleue, ou pourpre.

Betsalel travaillait habilement l'or et les joyaux. Il fit une Arche magnifique, pour les Tables de la Loi. Elle était recouverte d'or à l'intérieur et à l'extérieur. Il fit un autel d'or, et une lampe d'or, à sept branches. La lumière devait y brûler constamment, jour et nuit. Il fit un pectoral pour Aaron, enchassé de douze pierres précieuses, une pour chaque tribu. Car Aaron et ses fils devaient être les « Cohanim », les prêtres.

Enfin, le tabernacle fut terminé, et Moïse bénit les travailleurs.

Joyeusement, le peuple se rassembla dans la cour extérieure. Moïse prit les tables de la Loi de Dieu, les tables de pierre qu'il avait rapportées du Mont Sinaï, et les déposa dans l'Arche. Puis, Aaron et ses fils portèrent l'Arche à l'intérieur du Tabernacle.

Les Enfants d'Israël transportaient le Tabernacle avec eux, dans tous leurs voyages. Lentement, ils se dirigeaient vers la Terre Promise.

Quarante ans
dans le désert

Plus d'un an avait passé depuis que les Enfants d'Israël avaient quitté l'Egypte. Ils étaient fatigués d'errer, fatigués du sable jaune et des rochers nus ; fatigués même de la manne.

Enfin, un jour, Moïse montra du doigt de lointaines collines : « Nous voici près de Canaan », dit-il, « la bonne terre que Dieu a promise à nos pères. Choisissez un homme par tribu, pour aller là-bas explorer le pays. »

Rapidement, douze hommes furent choisis. Ils se placèrent devant Moïse, attendant ses ordres.

« Commencez par le Sud, le Neguev », dit Moïse, « et montez ensuite dans les montagnes. Examinez bien le pays, si le sol est riche ou pauvre, si le peuple habite des villes fortifiées, ou des villages, s'il est nombreux ou non. Essayez aussi de rapporter quelque fruit du pays. »

Les douze hommes se mirent en route. Ils revinrent au bout de quarante jours. Une clameur de joie s'éleva dans le camp car les hommes avaient rapporté des fruits juteux et rafraichissants : des grenades, des figues et une grappe de raisin, si grosse qu'il fallait deux hommes pour la porter, sur un bâton. Une foule nombreuse suivit les hommes jusqu'à la tente de Moïse, pour entendre leur rapport.

« Certes, cette terre est une bonne terre », dit leur chef, « pleine de lait et de miel. Mais jamais nous ne pourrons la conquérir. Ses villes sont entourées de très hauts murs et les gens y sont aussi grands que des géants. Nous avions l'air de sauterelles auprès d'eux ! »

Deux des envoyés, Josué et Caleb, l'interrompirent :

« Nous aussi, nous avons parcouru le pays. C'est un bon pays, et nous pouvons très bien le conquérir. N'ayez pas peur du peuple de Canaan, Dieu nous aidera. »

Mais personne n'écoutait Josué et Caleb. Le peuple gémissait et pleurait.

— « Nous aurions bien mieux fait de rester en Egypte », dit l'un d'entre eux. « Nos femmes et nos petits enfants vont être exterminés ! »

— « En Egypte ! Retournons en Egypte ! »

Ce bruit courait dans le camp.

Soudain, on entendit la voix puissante de Moïse, dominant tous les cris. Sa voix était sévère, mais surtout pleine de tristesse :

— « L'Eternel vient de me parler. Vous n'êtes pas prêts à entrer dans le pays qu'Il a promis. Vous avez été des esclaves pendant trop de temps. L'esclavage vous a rendus timides et craintifs. Pendant quarante ans, vous allez errer dans le désert. Là, vos enfants

grandiront, courageux et libres. Vos enfants pourront entrer dans la Terre Promise, mais pas vous. »

C'est ainsi que les Israëlites vécurent dans le désert pendant quarante années. Ils allaient de place en place, partout où ils pouvaient trouver de l'herbe pour leurs chèvres et leurs moutons. Tous les gens âgés, qui avaient été esclaves en Egypte, moururent. Leurs enfants grandissaient courageux et forts.

Moïse quitte
son peuple

Les quarante ans dans le désert se terminaient. Bientôt, les Enfants d'Israël pourraient entrer en Terre Promise. Mais Moïse savait qu'il ne les accompagnerait pas. C'était un très vieil homme, et le moment était venu pour lui de mourir. Pour la dernière fois, il réunit les Israélites.

— « J'ai cent vingt ans », leur dit-il. « Je ne peux plus vous conduire. Et Dieu m'appelle au sommet de la montagne. Du haut du Mont Nébo, je regarderai la Terre Promise, mais je n'y entrerai pas. Mais n'ayez aucune crainte, car Josué sera votre guide. »

Alors, Moïse posa ses mains sur la tête de Josué et lui dit : « Sois fort et courageux. L'Eternel sera avec toi. » Et il donna à Josué un rouleau où il avait écrit toutes les lois que Dieu lui avait données.

Puis, se tournant vers le peuple, Moïse dit : « Ecoute, Israël, l'Eternel est ton Dieu, l'Eternel est Un. Tu aimeras l'Eternel ton Dieu de tout ton cœur, de toute ton âme, et de tout ton pouvoir. »

Le peuple suivit Moïse hors du camp, à travers les larges plaines de Moab. Au pied de la montagne, Moïse leur dit : « Retournez, mes enfants. Maintenant, je dois continuer tout seul. »

Il grimpa sur la montagne, et disparut dans les hauteurs.

L'histoire des Juges

JOSUE

DEBORAH

GEDEON

SAMSON

En terre promise

Josué était maintenant le guide des Israélites. Sur l'autre rive du Jourdain, il vit une ville fortifiée qui leur bloquait le passage. Les murs qui entouraient la ville étaient si épais et si solides, qu'on y avait construit des maisons. C'était la ville de Jéricho. Josué y envoya deux espions.

Les hommes se glissèrent dans Jéricho, au crépuscule, et allèrent dans une auberge dont la patronne se nommait Rahab. Rahab avait deviné qui étaient les étrangers, mais elle garda le secret, car elle savait que Dieu donnerait bientôt le pays aux Enfants d'Israël.

Le lendemain après-midi, des soldats du roi frappèrent à la porte de Rahab.

« Fais sortir les hommes qui sont venus chez toi hier », ordonnèrent les soldats. « Ce sont des Israélites, venus pour espionner notre pays. »

Mais Rahab avait fait monter les hommes sur le toit et les avait cachés sous des tiges de lin.

Elle dit aux soldats : « Les hommes ne sont plus ici. Ils ont quitté la ville à la nuit, avant la fermeture des portes. Dépêchez-vous, si vous voulez les rattraper ! Et elle leur indiqua la route qui menait au Jourdain.

Les soldats se précipitèrent hors de la ville pour descendre la grand'route.

Dès qu'il fit nuit, Rahab monta voir les hommes sur le toit.

« Sauvez-vous dans les collines », leur dit-elle, « et cachez-vous là-bas jusqu'à ce que les soldats abandonnent leurs recherches. »

Puis Rahab attacha une corde à sa fenêtre et les fit glisser jusqu'à terre, hors de la ville, car sa maison était bâtie sur la muraille d'enceinte.

Avant leur départ, les Israélites firent à Rahab une promesse solennelle : quand la ville serait prise, elle serait épargnée, elle et toute sa famille. Ils lui donnèrent un cordon rouge qu'elle devrait attacher à sa fenêtre, afin que Josué sache laquelle était sa maison.

Quand les espions revinrent auprès de Josué, ils lui dirent : « Le pays peut être conquis. Les habitants du pays perdent courage. »

Enfin, les Israélites traversèrent le Jourdain pour entrer en Terre Promise. Les Lévites, portant l'Arche de l'Eternel, marchaient en avant.

Mais la ville de Jéricho bloquait toujours le passage à Josué. Jour et nuit, les portes de la ville étaient soigneusement verrouillées. Personne n'avait le droit d'entrer ou de sortir, par crainte des Israélites. Une nuit très noire, Josué s'était approché secrètement des

murs de la ville pour les examiner de plus près, lorsque soudain, il vit un homme debout en face de lui, son épée nue à la main.

« Es-tu des nôtres, ou de nos ennemis ? », demanda Josué.

L'homme répondit : « Je viens te dire comment la ville peut être prise. L'Eternel m'a envoyé vers toi. »

Et il expliqua à Josué ce qu'il avait à faire.

Le lendemain matin, les guetteurs, sur les murs de Jericho, assistèrent à un étrange spectacle. Une longue procession quittait le camp des Israëlites. Sept prêtres, soufflant dans des cornes de bélier, portaient l'arche d'alliance. Devant eux et derrière eux, marchaient les soldats d'Israël. Sans dire un mot, sans un cri, les Israëlites firent le tour des murs de la ville, une fois, et s'en retournèrent.

Les Israëlites revinrent le lendemain, et tous les jours suivants. Chaque jour, le peuple de Jericho devenait plus anxieux, plus terrifié même. Et voici que le septième jour, les Israëlites firent le tour des murs de la ville, non pas une fois, mais sept. Ils tournaient, toujours aussi silencieux.

Soudain, un ordre fut donné : « Poussez des cris, car l'Eternel vous a livré la ville. »

Un cri terrible s'éleva, de la bouche de milliers d'Israëlites. Les murs de Jericho s'écroulèrent et Josué et ses hommes se précipitèrent dans la ville.

La promesse faite à Rahab ne fut pas oubliée. Un cordon rouge pendait, tout en haut, à la fenêtre d'une maison, sur le mur. La maison fut épargnée et Rahab fut emmenée, avec toute sa famille, au camp des Israëlites, en sûreté.

Et Josué avançait toujours : sur les collines, dans les vallées, le long de la côte, il prenait une ville après l'autre. Quelquefois, les habitants d'une ville venaient lui demander de faire la paix avec eux. Le plus souvent, c'était une rude bataille. Mais Canaan fut enfin conquis, et le pays fut partagé entre les douze tribus.

L'histoire de Deborah

Les Enfants d'Israël étaient maintenant des agriculteurs, au pays de Canaan.

Mais ils avaient toujours été bergers, et les travaux de la terre étaient nouveaux pour eux. Les Cananéens, leurs nouveaux voisins, croyaient en plusieurs dieux : un pour les bergers du désert, un pour les fermiers, un pour chaque pays, chaque vallée et même chaque sommet de colline. Ils vinrent dire aux Israélites : « Voulez-vous voir lever vos semences ? Voulez-vous de belles récoltes ? Alors, faites comme nous. Montez au sommet de la colline, et offrez un sacrifice à notre dieu Baal. Votre Dieu est le dieu du désert ! Il ne peut rien faire pour vous, ici ! »

Il y eut des Israélites pour croire les Cananéens et monter avec eux sur les collines. Ils firent des sacrifices à Baal et dansèrent sauvagement autour des autels de Baal. Les Enfants d'Israël qui priaient Baal devinrent de plus en plus nombreux.

Les vieillards, qui se souvenaient de Josué, hochaient la tête : « Israël est en train d'oublier Dieu et Ses Commandements ! », disaient-ils.

Mais heureusement, il s'élevait de nouveaux guides pour ramener le peuple aux enseignements de Dieu.

Dans une belle et verdoyante vallée qui s'étalait entre les montagnes, les Enfants d'Israël soignaient leurs oliviers et leurs vignes, leurs champs d'orge et de blé. Souvent, levant les yeux de leur ouvrage, ils voyaient de longues files de chameaux, qui cheminaient lentement le long de la route. Ils transportaient des marchandises venant de terres lointaines : de la toile et des poteries, de l'ivoire et des épices.

Mais un jour, au lieu de marchands, une grande armée s'avança dans la vallée ; des cavaliers rapides avec des chevaux et des chars de fer, des milliers et des milliers de fantassins. Sisera, le chef de l'armée du roi cananéen, venait conquérir le pays des Israélites. Les soldats parcouraient le pays, attaquaient les paysans, se saisissaient de leurs armes et enlevaient les armuriers.

Les années passaient, et Sisera était toujours là. Les paysans continuaient à semer leurs graines et à soigner leurs vignes. Mais Sisera et ses hommes s'emparaient du vin et de l'huile, de l'orge et du blé. Personne en Israël n'osait se révolter contre lui.

Mais, dans les collines, vivait une femme courageuse, une mère en Israël, nommée Deborah. Les gens l'appelaient : Deborah la prophétesse. Chaque jour, Deborah siégeait sous un palmier, près de sa maison et les gens montaient vers elle de tous les coins du pays. Elle apaisait leurs querelles. Elles les écoutait raconter leurs malheurs. Elle leur enseignait la confiance en Dieu.

Deborah voyait que les traits des enfants étaient tirés par la faim.

— « Combien de temps allons-nous engraisser l'armée de Sisera, alors que nos enfants ont faim ? », dit Deborah. « Levons-nous, et chassons les Cananéens de notre pays. »

Les hommes levèrent leurs mains désespérément :

— « Nous sommes quarante mille, mais nous n'avons pas une seule lance ! », dirent-ils, « et chaque homme de Sisera est armé. Il a neuf cents chars de fer ! »

Deborah répondit : « Si Dieu est avec nous, neuf mille chars ne pourront sauver Sisera.

Puis, elle envoya chercher un brave capitaine nommé Barak.

— « Dieu t'appelle, Barak », dit-elle. « Debout ! Rassemble une armée, et dirige toi vers le Mont Thabor. Dieu livrera Sisera entre tes mains. »

Barak répondit : « Si tu viens avec moi, Deborah, j'irai. Mais si tu ne viens pas avec moi, je n'irai pas. » Car Barak savait que seule Deborah pouvait rendre courage au peuple.

— « J'irai avec toi », dit Deborah.

On fit un appel parmi les tribus. Dix mille hommes d'Israël répondirent à cet appel. Ils venaient d'Ephraïm, de Benjamin, d'Issachar, de Zabulon. Barak et Deborah les conduisirent au sommet du Mont Thabor.

En bas, dans la vallée près de la rivière Kishon, ils pouvaient voir Sisera se préparer à la bataille. Ses soldats, ses chars et ses chevaux emplissaient la plaine. Soudain, les cieux s'assombrirent, et il se mit à pleuvoir. Les eaux du Kishon commencèrent à monter.

— « A l'attaque ! », cria Deborah à Barak. « Regarde ! Même les cieux se battent

pour nous. Voici le jour où Dieu livre Sisera entre tes mains. »

Barak donna le signal et les Israëlites dévalèrent la pente de la montagne et tombèrent sur leurs ennemis. Ils se battirent courageusement, hardiment. L'armée de Sisera tenta de fuir, mais les chars s'embourbaient et se retournaient. Les chevaux, épouvantés, foulaient leurs cavaliers sous leurs sabots avant de s'enfoncer dans l'eau. Les eaux du Kishon les emportaient tous.

Alors, Deborah chanta ce cantique :
« Bénis, ô mon âme, le pouvoir de l'Eternel !
Ceux qui T'aiment seront comme le soleil,
Quand il se lève, dans tout son éclat. »

Les Madianites arrivent

Le pays fut en paix pendant quarante ans. Mais un jour, Israël vit venir de nouveaux malheurs.

Dans une vallée paisible, dans une ferme, vivait un garçon Israëlite, nommé Gédéon. Un jour, Gédéon aidait son père à la moisson de l'orge lorsque, de ses yeux perçants, il distingua quelque chose qui se déplaçait au loin.

— « Père, regarde ! », dit-il. « Des hommes étranges arrivent, sur des chameaux, en très grand nombre. »

Son père scruta l'horizon.

— « Ce sont des Madianites », s'écria-t-il. « Ils viennent emporter nos récoltes. Cours, Gédéon. Emmène ton grand-père et les femmes dans les collines. Il me faut cacher le bétail et le grain. »

Les Madianites, hommes féroces du désert, avançaient. Des cercles d'or pendaient à leurs oreilles. Des chaînes dorées entouraient le cou de leurs chameaux. Ils plantaient leurs tentes dans la vallée, parcouraient le pays, foulaient les récoltes, pillaient et tuaient. Puis, ils repassaient le Jourdain, emportant les récoltes des fermiers, des vaches, des moutons.

Chaque année, à l'époque de la moisson, les Madianites revenaient. Les Israëlites s'appauvrissaient de plus en plus. Ils se faisaient des cachettes dans les cavernes pour s'y réfugier et battaient leur blé dans des lieux bien dissimulés. Sept années passèrent ainsi.

Gédéon était maintenant le seul fils de sa famille. Ses frères travaillaient paisiblement dans les champs lorsque deux chefs madianites survinrent, à cheval, et les frappèrent à mort. Gédéon était en train de penser à ce triste jour en battant du blé parmi les rochers, lorsqu'il aperçut un étranger assis sous un chêne.

— « L'Eternel est avec toi, vaillant guerrier », dit l'étranger. Gédéon répondit : « Si l'Eternel est avec nous, pourquoi donc tous ces malheurs nous sont-ils arrivés ? »

L'Etranger dit : « Va, et délivre Israël de la main des Madianites. »

Gédéon regarda l'homme avec étonnement.

— « Qui suis-je pour délivrer Israël ? Ma famille est la plus pauvre de ma tribu, et je suis le plus jeune dans la maison de mon père. »

Mais l'étranger insistait : « C'est l'Eternel qui t'envoie. Il sera avec toi, et tu chasseras les Madianites de ce pays. »

Cette nuit-là, Gédéon démolit l'autel de Baal qui se tenait au sommet de la colline. Quand les gens du village s'éveillèrent le matin, ils virent ce qui était arrivé, et se précipitèrent dans la maison de Gédéon.

— « Faites sortir Gédéon », criaient-ils. « Il doit mourir, car il a démoli l'autel de Baal ! »

Mais le père de Gédéon leur dit : « Pourquoi prenez-vous parti pour Baal et luttez vous pour lui ? S'il est un dieu, qu'il lutte pour sa propre cause ! »

Les gens se tournaient l'un vers l'autre :

— « Il a raison », disaient-ils. « Que Baal lutte pour lui-même. Nous nous sommes détournés du Dieu d'Israël. C'est pour cela qu'il nous est arrivé tant de malheurs ! »

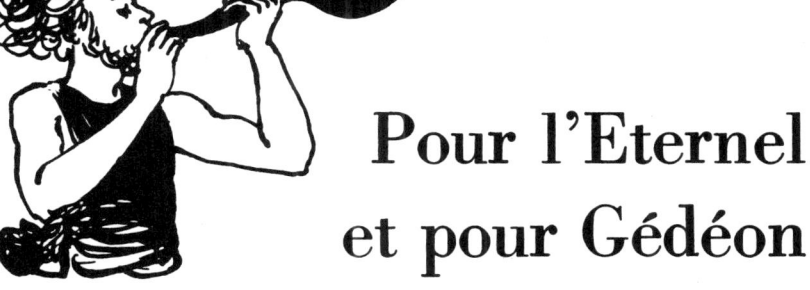

Pour l'Eternel et pour Gédéon

— « Les Madianites arrivent ! »

Les guetteurs coururent porter la nouvelle à Gédéon. Il mit à ses lèvres sa corne de bélier et sonna l'alarme. Les hommes du village se rassemblèrent autour de lui. On envoya des messages aux tribus à la ronde : « Venez, au nom de l'Eternel, pour chasser les Madianites de notre pays. »

Une immense armée de paysans répondit à l'appel. Mais Gédéon remarqua, en se promenant parmi ses hommes, que beaucoup regardaient avec épouvante en direction du camp madianite.

— « Les Madianites ont tant d'hommes, qu'on ne peut les compter », chuchotaient-ils entre eux. « Ils ont autant de chameaux qu'il y a de grains de sable au bord de la mer ! »

Alors, Gédéon monta sur un rocher élevé et s'adressa aux hommes : « Vous êtes trop nombreux. Avec l'aide de Dieu, un petit nombre peut vaincre une multitude. Que ceux qui ont peur rentrent chez eux. »

Plusieurs milliers d'hommes s'en retournèrent. Il en resta dix mille.

— « Ils sont encore trop nombreux », dit Gédéon. Il soumit alors ses hommes à une épreuve. Non loin de là, une source d'eau fraîche jaillissait d'une grotte, la source de « Ein-Harod ». Gédéon fit passer ses hommes, accablés de chaleur et de soif, près de cette source. Beaucoup sortirent du rang et s'agenouillèrent pour boire. D'autres emplirent vite leurs mains et y lapèrent l'eau avec leur langue, tout en poursuivant leur marche.

Ceux qui avaient quitté le rang et s'étaient agenouillés furent renvoyés chez eux. Il ne resta que trois cents hommes. Gédéon dit : « C'est avec ces trois cents hommes que Dieu délivrera Israël. »

Cette nuit-là, Gédéon divisa ses trois cents hommes en trois compagnies. A chaque homme, il donna une corne de bélier et une cruche contenant une torche allumée.

— « Observez-moi bien », dit-il. « Tout ce que vous me verrez faire, vous le ferez aussi. Quand je soufflerai dans ma corne, chacun d'entre vous devra souffler dans la sienne et crier : « Pour l'Eternel et pour Gédéon. »

Dans l'obscurité de la nuit, les trois cents hommes rampèrent lentement jusqu'au bas de la colline et encerclèrent le camp ennemi. Chacun tenait dans sa main droite une corne de bélier et dans sa main gauche la cruche avec la torche. Les Madianites dormaient profondément sous leurs tentes.

Soudain, Gédéon souffla de toutes ses forces dans sa corne de bélier, qui rendit un son éclatant. Puis, il cassa sa cruche et brandit

sa torche allumée. Aussitôt, tous les trois cents hommes soufflèrent dans leur corne de bélier, brisèrent leur cruche et brandirent leur torche en criant : « Pour l'Eternel et pour Gédéon ! »

Les Madianites s'éveillèrent. Des torches flamboyaient tout autour d'eux. Des trompettes sonnaient. Ils entendaient des cris et tout un fracas, et crurent que des centaines de compagnies les avaient attaqués. Terrifiés, ils se frappaient l'un l'autre dans l'obscurité, pensant frapper leur ennemi. Enfin, ils s'enfuirent à toutes jambes en hurlant.

Gédéon et ses hommes se mirent à leur poursuite. Les Madianites s'enfuirent le long de la vallée, repassèrent le Jourdain et s'en retournèrent dans le désert. Ils ne revinrent plus jamais.

Alors, tout le peuple d'Israël se rassembla autour de Gédéon.

— « Sois notre roi, Gédéon ! », criaient-ils. « Règne sur nous, car tu nous as délivrés des Madianites. »

Mais Gédéon répondit : « Je ne veux pas régner sur vous, et mes fils ne règneront pas sur vous non plus. Seul Dieu règnera sur vous. »

Et Gédéon retourna à sa ferme.

C'est ainsi qu'Israël fut délivré des Madianites, et vécut en paix pendant de nombreuses années.

L'histoire de Samson

Les Enfants d'Israël étaient inquiétés par un autre ennemi : les Philistins. Ceux-ci habitaient des villes fortifiées, le long de la côte, et très souvent, ils attaquaient les Israélites.

— « Oh ! Que se lève un héros, comme Josué et Gédéon, pour nous délivrer des Philistins ! », priait le peuple.

Or, il y avait un homme de la tribu de Dan, dont la femme n'avait pas d'enfant.

Un jour, un étranger apparut à cette femme et lui dit : « Tu vas enfanter un fils. C'est lui qui délivrera Israël des Philistins. »

Toute joyeuse, la femme raconta à son mari ce qui lui était arrivé : « Je ne lui ai pas demandé son nom, ni d'où il venait », dit-elle, « car son visage me semblait être le visage d'un ange. »

L'étranger revint le lendemain. Cette fois-ci, la femme appela son mari.

— « Si nous avons un fils, comment devrons-nous l'élever ? », demanda l'homme.

— « Qu'il ne fasse jamais couper ses cheveux et ne boive jamais de vin », répondit l'étranger. « Apprends lui à servir l'Eternel dès sa naissance et jusqu'au jour de sa mort. »

Quelque temps après, la femme mit au monde un fils, comme l'étranger l'avait prédit. Elle le nomma Samson. Jamais il ne buvait une goutte de vin. Ses cheveux n'étaient jamais coupés. Ils étaient épais, et longs, dorés comme le soleil.

Tous ceux qui le connaissaient s'aperçurent bien vite qu'il était doué d'une force redoutable. Un jour, un lion vint à sa rencontre en rugissant. Il le saisit de ses mains nues et le déchira en morceaux. Une autre fois que les Philistins l'avaient enfermé à l'intérieur de la ville, il se leva la nuit, arracha de leurs gonds les lourdes portes de la cité et les emporta sur ses épaules, avec leurs barres et leurs poteaux.

C'est ainsi que Samson grandissait et devenait le champion des Israélites ; les Philistins avaient terriblement peur de lui.

Mais voici que Samson s'attira lui-même des malheurs. Il s'éprit d'une première femme, une Philistine, puis d'une seconde, encore une Philistine.

Son père et sa mère lui dirent : « N'y a-t-il point de femme parmi les filles de notre peuple, pour que tu ailles en prendre une chez les Philistins ? »

Mais Samson ne voulait pas les écouter.

La seconde femme philistine se nommait Dalila.

Les princes des Philistins se rendirent chez elle et lui dirent : « Séduis Samson, pour qu'il te dise le secret de sa force. Si tu trouves un moyen pour nous rendre maîtres de lui, et le capturer, chacun d'entre nous te donnera onze cents pièces d'argent. »

Cette nuit-là, Dalila dit à Samson : « Dis-moi le secret de ta force. Que faudrait-il faire pour t'enlever ta vigueur ? »

— « Si on me liait avec sept cordes d'arc toutes neuves, je deviendrais aussi faible qu'un autre homme », répondit Samson.

Lorsqu'il fut endormi, elle le lia avec sept cordes d'arc toutes neuves et se mit à crier : « Samson, les Philistins arrivent ! »

Samson bondit et rompit les cordes aussi facilement que si elles avaient été brûlées par le feu.

— « Tu t'es moqué de moi », dit Dalila, « et tu m'as dit des mensonges. Dis-moi la vérité maintenant, avec quoi faut-il te lier ? »

— « Si on me liait avec de grosses cordes neuves qui n'auraient jamais servi, je perdrais ma force et je serais comme un autre homme. »

Dalila prit donc de grosses cordes neuves et elle lia Samson. Puis elle se mit à crier : « Samson, voici les Philistins ! »

Samson rompit les grosses cordes, comme un fil, et les fit tomber de ses bras.

— « Tu m'as encore menti ! », s'écria Dalila. « Dis moi vraiment le secret de ta force. »

Samson montra du doigt le métier sur lequel elle tissait et lui dit : « Si tu tissais les sept tresses de ma tête dans la trame de ton métier et si tu les fixais avec une épingle, je deviendrais aussi faible qu'un autre homme. »

La nuit suivante, lorsqu'il fut endormi, elle prit les sept tresses de sa tête et les tissa sur son métier. De nouveau elle cria : « Les Philistins sont sur toi, Samson ! »

Samson se réveilla et souleva le métier.

Alors, Dalila se mit à pleurer et dit : « Comment peux tu dire que tu m'aimes, alors que tu n'as pas confiance en moi. Trois fois déjà, tu t'es joué de moi ! »

Jour après jour, elle le suppliait, le caressait, le questionnait sans cesse. Elle finit par tant le fatiguer qu'il lui dit son secret : « Dieu m'a consacré à Son service et m'a ordonné de ne jamais couper mes cheveux. Si on me rasait les cheveux, je perdrais ma force, et deviendrais comme n'importe quel autre homme. »

Cette fois-ci, Dalila comprit que Samson lui avait dit la vérité. Elle envoya chercher les Princes philistins qui apportèrent l'argent qu'ils lui avaient promis. Dalila les cacha dans une chambre voisine. Puis elle endormit Samson la tête sur ses genoux. Dès qu'il fut endormi, un homme se glissa silencieusement dans la chambre, et lui rasa les cheveux.

De nouveau, Dalila cria : « Les Philistins sont sur toi, Samson ! »

Samson se réveilla et voulut lever ses bras puissants pour se dégager, mais cette fois, ils étaient aussi faibles que ceux d'un autre homme.

Les Philistins se saisirent de lui et lui crevèrent les deux yeux. Puis, ils l'emmenèrent à la prison de Gaza. Ils le lièrent avec une double chaîne d'airain et, tout le jour, il devait tourner et tourner la meule de la prison pour y moudre le grain.

Un jour, les Philistins firent une grande fête dans leur temple, en l'honneur de leur dieu Dagon.

« Venez », disaient-ils, « offrons un sacrifice à notre Dieu, car il a livré Samson entre nos mains. »

Au milieu des réjouissances, ils firent venir Samson pour les divertir. Un petit garçon conduisait par la main le pauvre Samson, aveugle et sans forces. Des milliers de Philistins grimpèrent sur le toit du temple, pour mieux le voir. Samson les entendit rire et se railler de lui. Son cœur était plein d'amertume envers les Philistins à cause de ses yeux morts.

— «Laisse moi m'appuyer aux piliers du temple », dit-il au garçon qui le guidait. Le garçon le plaça entre les piliers qui soutenaient l'édifice.

Alors, Samson se mit à prier : « Seigneur Eternel, je t'en prie, rends moi ma force, cette fois seulement ! »

Il saisit les deux gros piliers, un de sa main droite, et l'autre de sa main gauche.

— « Que je meure avec les Philistins », dit-il.

Et il appuya contre les piliers, de toute sa force. L'édifice s'écroula sur les princes et tout le peuple qui s'y trouvait.

C'est ainsi que périrent des milliers de Philistins, et Samson mourut avec eux.

L'histoire de Samuel, Saül et David

Le petit Samuel

Vous êtes-vous demandé où on gardait l'Arche de Dieu, maintenant que les Enfants d'Israël habitaient Canaan ? Elle se trouvait dans un petit temple, dans la ville de Silo. Le grand prêtre Eli, un arrière, arrière petit fils d'Aaron en prenait soin.

Les familles, pères, mères et enfants, montaient à Silo à l'occasion de chaque fête. Après avoir offert leur sacrifice, ils s'attablaient à un grand festin. Parmi ceux qui venaient chaque année, il y avait un paysan nommé Elkana et sa femme Hannah.

Or, Hannah n'avait pas d'enfant, et elle désirait un enfant plus que toute autre chose au monde. Quand elle voyait une mère avec son enfant, elle pleurait, et ne pouvait rien manger.

Son mari lui dit : « Hannah, pourquoi ton cœur est-il si triste ? Est-ce que je ne vaux pas mieux pour toi que dix fils ? »

Mais Hannah était trop malheureuse pour répondre. Elle se leva, entra dans le Temple, et se tint devant l'Arche.

— « O Seigneur », supplia-t-elle, « vois ma tristesse, et souviens toi de moi. Donne moi un fils, et je promets de l'amener dans ce Temple, pour qu'il Te serve tous les jours de sa vie. »

Dieu entendit la prière de Hannah, et elle mit au monde un fils. Elle le nomma Samuel, ce qui veut dire : « l'Eternel a écouté ma prière ».

Dès que Samuel fut assez grand pour se passer de sa mère, Hannah l'amena à Eli.

— « Voici l'enfant pour qui j'ai prié », lui dit-elle. « Je te l'amène, afin qu'il serve dans le Temple. Aussi longtemps qu'il vivra, il devra servir l'Eternel. »

Puis, Hannah embrassa son petit garçon et le laissa chez le vieil Eli, si doux et si bon.

Elle rentra à la ferme avec Elkana, son mari. Mais chaque année, ils revenaient et Hannah apportait à son fils un petit manteau neuf qu'elle avait fait pour lui.

Une année, Hannah vit que son fils por-

tait une petite robe de prêtre, comme celle d'Eli. C'est Eli qui la lui avait donnée, car Samuel l'aidait maintenant dans son travail. Chaque jour, il frottait la lampe au dessus de l'autel, jusqu'à ce qu'elle brille bien, et la remplissait d'huile d'olive fraîche pour que jamais sa lumière ne s'éteigne. La nuit, il dormait dans le Temple, tout près d'Eli, et il accourait vers lui dès qu'il l'appelait. Car Eli était devenu très vieux, et aveugle.

Une nuit que Samuel dormait, il entendit une voix l'appeler : « Samuel, Samuel ! »

— « Me voici », dit il, et il courut chez Eli, car il pensait que c'était lui qui l'avait appelé.

— « Je ne t'ai pas appelé », lui dit Eli. « Recouche-toi. »

Samuel retourna donc se coucher, mais de nouveau il entendit la voix : « Samuel, Samuel ! »

Il se leva encore et alla chez Eli. « Me voici », dit-il, « car tu m'as appelé ! »

— « Je ne t'ai pas appelé, mon fils », dit Eli une deuxième fois. « Retourne dormir. »

Samuel obéit, mais une troisième fois, il entendit l'appel et se leva pour aller auprès d'Eli. Alors Eli comprit que Dieu appelait l'enfant, et il lui dit : « Va, recouche toi encore, mon enfant, et si tu entends de nouveau l'appel, tu diras : « Parle, ô Eternel, Ton serviteur T'écoute. »

Samuel retourna donc se coucher à sa place, et de nouveau, la voix l'appela : « Samuel, Samuel. »

Samuel répondit : « Parle, Ton serviteur T'écoute. »

Alors, Dieu parla à Samuel. Il lui annonça beaucoup d'événements qui devaient arriver dans les jours à venir, et lui dit ce qu'il aurait à faire.

Lorsque Samuel fut grand, il devint un juge et un guide pour Israël. Il allait de ville en ville, d'un bout à l'autre du pays et enseignait aux Enfants d'Israël à aimer Dieu et à Lui obéir. On l'appelait prophète.

Nous voulons un roi

Lorsque Samuel fut devenu vieux, les anciens du peuple allèrent le trouver, et lui dirent : « Donne nous un roi, pour nous gouverner. Tous les peuples ont des rois. »

Samuel en fut très surpris, et peiné : « Dieu est notre roi », dit-il, « nous n'en avons pas besoin d'autre. »

Mais le peuple ne voulait pas l'écouter.

Alors, Samuel leur dit : « Si vous avez un roi, voici ce qu'il fera. Il prendra vos fils et en fera ses soldats. Il les fera labourer ses champs, et fabriquer ses épées et ses lances. Il prendra vos filles pour en faire ses cuisinières et ses boulangères. Il prendra le meilleur de vos champs et de vos vignes, et la dîme de vos troupeaux, et vous serez ses esclaves. »

Mais le peuple insistait : « Nous voulons un roi, pour être comme les autres peuples. »

Dieu dit alors à Samuel : « Obéis à leur voix. Je t'enverrai un jeune homme de la tribu de Benjamin. Tu l'oindras, afin qu'il soit le roi d'Israël. Il sauvera mon peuple de la main des Philistins. »

Or, il y avait un agriculteur de Benjamin, qui avait un fils nommé Saül, jeune et beau. Aucun des Enfants d'Israël n'était plus beau que lui ; il les dépassait tous de la tête et des épaules.

Un jour, les ânesses de son père s'étaient égarées et Saül partit à leur recherche avec un des serviteurs de la ferme. Pendant trois jours, ils parcoururent le pays, sans les trouver.

Alors Saül dit au serviteur : « Retournons, de peur que mon père ne se fasse plus de souci pour moi que pour les ânesses. »

— « Il y a dans cette ville un prophète », répondit le serviteur, « peut-être pourra-t-il nous aider ? »

Comme ils gravissaient la montée qui menait aux portes de la ville, ils virent un vieil homme qui se dirigeait vers eux. C'était Samuel qui montait au sommet de la colline pour y faire un sacrifice. Dès que Samuel vit Saül, il sut que c'était là le jeune homme envoyé par Dieu.

Il dit à Saül : « Je t'attendais. Ne sois pas en peine pour les ânesses de ton père. Elles sont déjà retrouvées. »

Puis, il invita Saül à se joindre à son sacrifice, en disant : « La place d'honneur t'a été réservée. »

Tout surpris, Saül répondit : « Ne suis-je pas un homme de Benjamin, la plus petite tribu en Israël ? Ma famille n'est-elle pas la moindre de la tribu ? Pourquoi donc me fais-tu tant d'honneurs ? »

Mais Samuel ne répondit rien. Il invita Saül à un festin. Saül mangea et passa la nuit avec lui. Le lendemain, au lever de l'aurore,

Samuel éveilla Saül et marcha avec lui jusqu'à l'extrémité de la ville.

— « Ordonne à ton serviteur de passer devant nous », lui dit-il.

Dès qu'ils furent seuls, tous les deux, Samuel prit une corne d'huile, et la versa sur la tête de Saül. Puis, il l'embrassa et lui dit : « Dieu t'a choisi, pour être le roi d'Israël. »

Quand Saül rentra chez lui, il ne dit à personne ce qui était arrivé entre Samuel et lui.

Saül délivre une ville

Un mois passa.

Dans la ville de Jabès-Galaad, les gens étaient en grande peine. Jabès-Galaad était une ville israëlite qui se trouvait de l'autre côté du Jourdain. Leurs voisins, les Ammonites, de cruels soldats, s'étaient mis en campagne, et assiégeaient la ville. Personne ne pouvait entrer ni sortir.

Lorsqu'il n'y eut plus rien à manger, ni à boire, les anciens de la ville dirent aux Ammonites : « Faites la paix avec nous, et nous vous servirons. »

Mais le roi d'Ammon répondit : « Je ferai la paix avec vous, à une condition : on vous crèvera à tous l'œil droit. Ainsi tout Israël sera déshonoré. »

Alors les habitants de Jabès-Galaad dirent au roi : « Donne-nous sept jours de trêve. Si personne ne vient à notre aide pendant ces sept jours, nous nous rendrons, et tu pourras faire de nous ce qu'il te plaira. »

Les Ammonites acceptèrent d'attendre. On envoya de messagers de Jabès-Galaad, vers toutes les villes d'Israël.

Un soir que Saül revenait de labourer son champ, il vit tous les gens de la ville rassemblés, qui pleuraient et poussaient des cris.

— « Qu'est-il arrivé ? », demanda-t-il.

— « Il est venu des messagers de la part de nos frères de Jabès-Galaad », répondit quelqu'un. Et il raconta à Saül comment le roi d'Ammon avait réclamé l'œil droit de tous les hommes de Jabès-Galaad.

La colère de Saül s'enflamma. Il prit les deux bœufs avec lesquels il venait de labourer, les tua, et les coupa en morceaux. Puis, il envoya ces morceaux à toutes les tribus d'Israël, avec ce message : « Marchez à la suite de Saül, pour sauver nos frères de Jabès-Galaad. Si vous ne venez pas, voici ce qu'on fera de vos bœufs. »

Tout le peuple se mit en marche, comme un seul homme. Ils venaient par milliers.

Alors, Saül dit aux messagers de Jabès-Galaad : « Retournez à votre ville, et dites à ses habitants qu'ils seront sauvés demain, à midi. »

Cette nuit là, Saül prit la tête de l'armée israëlite, et se mit en campagne. Avant le lever du soleil, ils passèrent le Jourdain, et attaquèrent le camp des Ammonites. Ils les battirent et les dispersèrent dans toutes les directions. C'est ainsi que la ville de Jabès-Galaad fut sauvée.

Alors, Samuel assembla toutes les tribus d'Israël et leur dit : « Vous avez demandé un roi, et Dieu vous en a envoyé un. Il n'y a pas un seul homme comme lui en Israël. » Et Samuel montra du doigt Saül, qui dépassait toute la foule, de la tête et des épaules.

— « Si vous gardez les commandements de Dieu, vous et votre roi », dit-il, « tout ira bien pour vous. Mais si vous faites le mal, vous serez exterminés, vous et votre roi. »

Puis, Samuel prit une corne d'huile, et en versa sur la tête de Saül, pour l'oindre roi, une deuxième fois, devant tout le peuple.

— « Longue vie au roi », cria le peuple. « Longue vie au roi Saül. »

Ruth, l'arrière grand'mère de David

Dans la petite ville de Bethleem, en Judée, vivait une femme appelée Noémi, avec son mari et ses deux fils. Une famine étant survenue dans le pays, toute la famille traversa le Jourdain pour séjourner dans la campagne de Moab. Là, les deux garçons grandirent, et épousèrent des femmes moabites, dont l'une se nommait Orpah, et l'autre Ruth. Mais il arriva de grands malheurs à Noémi. Elle perdit d'abord son mari, puis ses deux fils.

La famine ayant cessé en Judée, Noémi se mit en route pour rentrer chez elle, à Bethleem. Ses deux belles-filles la suivirent.

— « Retournez, mes filles », leur dit Noémi. « Pourquoi venir avec moi ? Je suis vieille et pauvre. Retournez, chacune dans la maison de votre mère. Que Dieu soit aussi bon envers vous que vous l'avez été envers mes fils et envers moi-même. »

Alors, Orpah embrassa sa belle-mère et s'en retourna vers son peuple. Mais Ruth s'était attachée à sa belle-mère et ne voulait plus la quitter.

Noémi lui dit : « Regarde, ta belle-sœur est retournée auprès de son peuple. Va donc avec elle. »

Mais Ruth lui répondit : « N'insiste pas pour que je te quitte et que je m'éloigne de toi. Où tu iras, j'irai. Où tu vivras, je vivrai. Ton peuple sera mon peuple, et ton Dieu sera mon Dieu. Seule la mort pourra nous séparer. »

Noémi vit que Ruth était fermement décidée à la suivre, et elle ne dit plus rien. Elles firent donc le voyage ensemble et arrivèrent à Bethleem au temps de la moisson des orges.

Les cultivateurs avec leurs familles et leurs serviteurs étaient dehors, dans les champs. Ils coupaient et liaient l'orge mûre, puis la chargeaient sur des ânes ou des charrettes à bœufs. Ceux qui ne possédaient pas de champs, marchaient derrière les moissonneurs, cherchant les épis qu'ils avaient pu oublier.

On appelait cela : glaner.

Ruth dit à Noémi : « Laisse moi sortir et glaner dans les champs. »

— « Va, ma fille », lui dit Noémi.

Il se trouva justement que le champ où Ruth vint glaner appartenait à un riche propriétaire nommé Booz, qui était un parent de Noémi. A midi, Booz vint de Bethleem, pour voir si le travail avançait.

— « Que l'Eternel soit avec vous », dit-il à ses serviteurs.

— « Que l'Eternel te bénisse », répondirent ces derniers.

Puis, il remarqua Ruth et lui parla avec bonté :

— « Ne va pas dans un autre champ », lui dit-il, « reste ici avec mes servantes. Si tu as soif, va boire l'eau que mes serviteurs auront puisée. »

Ruth s'inclina et lui demanda : « Pourquoi es-tu si bon avec moi, qui suis une étrangère ? »

— « On m'a raconté tout ce que tu as fait pour ta belle-mère, depuis que ton mari est mort », répondit Booz, « comment tu as quitté ton père, ta mère, et le pays où tu es née et comment tu es venue chez notre peuple, que tu ne connaissais pas. Que l'Eternel te rende tout le bien que tu as fait. »

A midi, Booz invita Ruth à partager le repas des moissonneurs. Avant de partir, il dit à ses hommes : « Laissez la glaner toute l'orge qu'elle voudra, et ne la rudoyez pas. Laissez même tomber quelques poignées de grains, pour qu'elle les ramasse. »

Ce soir là, lorsque Ruth battit les épis qu'elle avait recoltés, elle recueillit une pleine mesure d'orge qu'elle rapporta à Noémi.

— « Ta belle-fille vaut mieux pour toi que sept fils », disaient à Noémi ses vieux voisins.

Pendant toute la moisson de l'orge et la moisson du blé, Booz prit soin de Ruth qui glanait dans ses champs. Après les moissons, il la demanda en mariage. Quelque temps après, ils eurent un enfant, un petit garçon nommé Obed.

Obed grandit et devint le père de Jessé.
Jessé, à son tour, eut deux filles et huit
fils. Le plus jeune de ses fils se nommait David.

David rencontre
le prophète Samuel

David, le plus jeune des fils de Jessé, gardait les moutons de son père dans les pâturages, sur les collines.

C'était un jeune homme de mine agréable, vif et courageux. Il pouvait viser de sa fronde un lion, et le frapper entre les deux yeux, avant que ses griffes ne déchirent l'agneau sur lequel il bondissait. Il savait jouer de la douce musique sur sa harpe de berger. Les frères aînés de David quittaient souvent la ferme pour aller se battre aux côtés du roi Saül contre les Philistins. Mais David, lui, devait rester avec les troupeaux.

Or, Samuel, le prophète, vivait encore à cette époque, mais il était très, très vieux.

Un jour, Dieu lui dit : « Samuel, j'ai choisi un des fils de Jessé, pour être le pro-

chain roi d'Israël. Prends ta corne d'huile, et monte à Bethleem, afin de l'oindre. »

Samuel prit donc sa corne d'huile et partit pour la maison de Jessé, à Bethleem. Jessé se demandait pourquoi le saint homme était venu chez lui, mais il n'osait pas le questionner.

Il fut encore plus étonné quand Samuel lui demanda de faire passer devant lui tous ses fils.

Eliab, l'aîné, vint le premier. Il était grand et beau. Un moment, Samuel se dit : « Ce doit être lui. » Mais Dieu lui dit : « Ne regarde pas son visage ou sa haute taille. L'homme regarde l'apparence, mais Dieu regarde le cœur. »

Le second vint se présenter.

« Dieu n'a pas non plus choisi celui-ci »,
dit Samuel.

Ainsi, sept des fils de Jessé passèrent devant lui. Puis, Samuel demanda : « N'as-tu pas d'autres fils que ceux-là ? »

— « Il en reste encore un », répondit Jessé, « David, le plus jeune. Il fait paître les moutons. »

— « Envoie le chercher, nous ne commencerons pas le repas avant son arrivée. »

On envoya donc chercher David. Il courut tout le long du chemin, et, en arrivant devant le saint homme, il avait les joues rouges et les yeux pleins d'étonnement. Au premier regard, Samuel dit : « C'est lui que l'Eternel a choisi. »

Solennellement, Samuel leva sa corne, et versa l'huile sur la tête de David. Puis, il s'en alla, laissant toute la famille stupéfaite.

— « Pourquoi Samuel a-t-il oint David ? », se demandaient-ils, « et pour quelle tâche Dieu l'a-t-il choisi ? »

A partir de ce jour là, il se fit en David un grand changement. Les gens disaient : « L'esprit de Dieu est sur ce garçon. »

Maintenant, quand David jouait sur sa harpe, ses chants n'étaient que pour glorifier Dieu et raconter Sa bonté.

« Je louerai l'Eternel de tout mon cœur,

Je chanterai Ses merveilles. »

David joue pour le roi

Un messager était venu de la part du roi Saül pour demander à Jessé d'envoyer au roi son fils David. Les gens de la ferme en étaient tout excités.

« Le roi est malade », expliquait le messager, « mais ce n'est pas une maladie du corps. Quelque chose le tourmente. Il est devenu triste et craintif, et ne veut pas quitter sa tente. On dit que ton fils joue très bien de la harpe. Lorsqu'un accès de tristesse s'abattra sur le roi, il jouera pour lui. Peut-être que la musique lui fera du bien. »

Ainsi, encore une fois, David dut quitter ses moutons. Jessé fit charger un âne de pain, de vin et d'un chevreau, comme présents pour le roi. Et David se mit en route. Le jour même, il arriva chez Saül et se présenta devant lui. Le vaillant roi qui avait sauvé Jabès-Galaad et mené son peuple contre les Philistins était maintenant assis la tête basse, dans une tente obscure. Le jeune prince Jonathan, son fils, se tenait à ses côtés.

« Joue sur ta harpe », dit Jonathan. « Peut-être que ta musique le soulagera. »

David posa les doigts sur les cordes de sa harpe, et une douce musique emplit la tente.

Pour la première fois depuis bien long-temps, Saül leva la tête. Ses yeux brillaient.

— « Tu me plais », dit-il à David, « je vais demander à ton père de te laisser auprès de moi. »

David s'installa donc chez le roi Saül.

Saül l'aimait beaucoup. Quand un accès de tristesse l'envahissait, David jouait de la harpe et Saül était soulagé.

David se bat contre un géant

Une fois encore, les Philistins se rassemblèrent pour faire la guerre à Israël. Saül partit rencontrer l'ennemi et David rentra à Bethleem.

Il était dur pour David de rester tranquillement chez lui. Il aurait voulu se battre aux côtés du roi. Il fut donc très content quand son père lui dit un jour : « David, descends dans la vallée, jusqu'au camp et va voir si tes frères se portent bien. »

David se mit en route le lendemain de bon matin. En s'approchant du camp, il entendit des cris de guerre. Les Israélites se tenaient sur une colline, les Philistins sur une autre. Entre eux s'étendait une vallée où coulait un ruisseau. David gravit la colline en courant et, tandis qu'il parlait à ses frères, un géant s'avança hors des rangs des Philistins. Il avait plus de trois mètres de haut. Une armure d'airain le couvrait de la tête aux pieds et il tenait en main une lance énorme. De sa voix de tonnerre il se mit à crier aux Israélites : « Je jette un défi aux armées d'Israël. Envoyez un homme pour lutter contre moi. S'il me tue, les Philistins seront vos esclaves. Mais si je le tue, les Israélites seront nos esclaves. »

Les soldats israélites tremblaient de peur.

— « Quel est ce géant qui vient de se moquer de nous ? », demanda David.

— « C'est Goliath, le Philistin », répondit quelqu'un, « voilà quarante jours qu'il nous lance ce défi, matin et soir. Personne n'ose s'attaquer à lui. »

David dit alors : « C'est moi qui me battrai contre lui, car il a osé insulter l'armée du Dieu vivant. »

David fut aussitôt conduit à la tente du roi, mais Saül sourit à sa vue et hocha la tête.

— « Tu ne peux marcher contre ce Philistin », dit-il, « tu es presque un enfant et lui est un homme de guerre depuis sa jeunesse. »

Mais David répondit avec ardeur : « Mon roi, lorsque je gardais les troupeaux de mon père, si un lion venait m'emporter un agneau, je lui courais derrière, l'attaquais et sauvais mon agneau. Si le lion se retournait contre moi, je le saisissais par la mâchoire et le tuais. L'Eternel qui m'a sauvé de la griffe du lion, me sauvera aussi du Philistin. »

Alors Saül dit à David : « Va, et que l'Eternel soit avec toi. »

Il revêtit le garçon de sa propre armure, un casque d'airain, une cuirasse d'airain et une épée suspendue au côté. David essaya l'armure, mais il ne voulut pas la garder.

« Je ne peux pas marcher avec elle », dit-il, « je n'y suis pas habitué. »

Il prit en main sa fronde, sortit de la tente en courant, et dévala la pente de la colline jusque dans la vallée qui séparait les deux armées. Au ruisseau, il s'arrêta, choisit

cinq cailloux bien polis et les mit dans sa gibecière. Il courut alors à la rencontre du Philistin.

Goliath, le géant, s'avançait aussi, prudemment, précédé d'un homme qui portait son bouclier. Mais quand il vit que le champion d'Israël était ce jeune garçon aux joues roses armé d'une fronde, il éclata d'un rire méprisant.

— « Suis-je un chien, pour que tu viennes à moi avec un bâton ? Viens ici, et je donnerai ta chair aux bêtes des champs. »

David répondit : « Tu viens à moi avec l'épée et la lance, mais moi je viens à toi au nom de l'Eternel Dieu, que tu as insulté. »

D'un geste rapide, il porta la main à sa gibecière, y prit une pierre et la lança avec sa fronde. La pierre vola droit à la tête de Goliath et s'enfonça dans son front. Goliath tomba, le visage contre terre. David courut, tira du fourreau l'épée du géant et le tua.

Les Philistins terrifiés voyant que leur champion était mort, prirent la fuite. Les Israélites les poursuivirent jusqu'aux portes de leurs cités.

Dans la tente de Saül, David trouva le prince Jonathan qui l'attendait.

— « Je t'ai entendu parler avec mon père », dit-il, « et j'ai vu le combat. Jamais je n'ai rencontré quelqu'un d'aussi courageux que toi. »

Il se dépouilla de son manteau royal et le donna à David, ainsi que son arc et son épée. Puis, ils se jurèrent une éternelle amitié.

Depuis ce jour, Jonathan et David s'aimèrent comme des frères.

Saül est jaloux de David

David demeurait avec le roi.

Il était maintenant à la tête d'une armée de dix mille hommes et remportait de nombreuses victoires sur les Philistins. Tout Israël l'aimait, et racontait ses exploits.

Mais, brusquement, Saül changea à son égard. Cela avait commencé un jour que David revenait d'une bataille. Les femmes de la ville sortirent à sa rencontre en chantant et en dansant. Saül les entendit et fronça les sourcils, car voici quel était leur chant :

« Saül a tué ses milliers d'ennemis
      et David ses dizaines de milliers ! »

— « On dit que David est dix fois plus courageux que moi », pensa Saül, « bientôt, on le voudra comme roi, à ma place ! »

A partir de ce moment, Saül regarda David d'un œil jaloux. Un jour que David lui jouait de la harpe, Saül leva sa lance et la lança contre lui. David évita le coup et la lance se ficha dans le mur. Mais il avait compris que Saül voulait le tuer et il s'enfuit du palais.

De l'endroit où il s'était caché, il envoya chercher Jonathan et lui dit : « Qu'ai-je fait ? De quoi me suis-je rendu coupable pour que ton père en veuille à ma vie ? »

Jonathan était bien triste pour son ami. Ensemble, ils méditèrent un plan pour savoir si David pouvait sans danger rentrer au palais.

— « Cache toi dans ce champ, derrière ce tas de pierres », dit Jonathan. « Après-demain, je reviendrai ici avec un jeune serviteur, et je lancerai trois flèches. Ecoute bien ce que je dirai en envoyant mon serviteur les chercher. Si je lui dis : « Regarde, les flèches sont entre toi et moi, ramasse-les », tu sauras que tout va bien pour toi. Mais si je dis au garçon : « Vois, les flèches sont au delà de toi », cela voudra dire qu'il faut t'enfuir. »

Le lendemain, à la Fête de la nouvelle Lune, la place de David restait vide.

— « Pourquoi le fils de Jessé n'est-il point présent au repas ?», demanda Saül.

Jonathan répondit : « Je lui ai permis d'aller assister à la Fête dans sa famille, à Bethleem. »

Saül se mit à crier : « Ne sais-tu pas que tant que David sera vivant, tu ne seras pas roi ! Envoie le chercher, qu'il meure. »

Jonathan, rempli d'indignation, quitta la table et ne put rien manger de toute la journée.

Le lendemain matin, il sortit dans les champs avec son arc et ses flèches, accompagné d'un jeune serviteur.

« Cours en avant », dit-il au garçon, « et retrouve les flèches que je tire. »

Le garçon courut et Jonathan lui cria à voix assez haute pour que David pût entendre : « La flèche n'est-elle pas au delà de toi, vite, hâte-toi, n'attends pas. »

Le garçon ramassa les flèches, les rapporta à son maître et Jonathan le renvoya à la ville.

Dès que le garçon fut parti, David bondit de derrière le tas de pierres et s'élança vers Jonathan. Les deux amis s'embrassèrent et pleurèrent.

— « Va en paix », dit Jonathan.

David se leva donc et s'en alla bien vite, tandis que Jonathan rentrait dans la ville.

David devient un hors-la-loi

David fuyait. Il n'avait pas même pris le temps d'emporter des vivres et il n'avait pas d'épée.

Tout en haut des collines, là où les ours et les lions ont leur repaire, il y avait une profonde caverne, la caverne d'Adullam. David en fit sa cachette.

Bientôt, une bande d'hommes hardis et courageux se rassembla autour de lui. Il y avait ses frères de Bethleem, ses trois neveux intrépides et vifs comme l'éclair. Il y avait des tireurs d'arc qui pouvaient lancer une flèche de la main droite ou de la main gauche. Tous ceux qui étaient dans le malheur rejoignirent David. Il eut enfin une troupe de six hommes loyaux.

Les bergers, dans le désert, étaient heureux d'avoir David comme voisin. Ses hommes mettaient en déroute les bandes de voleurs qui pillaient les troupeaux. En contre-partie, les riches propriétaires de moutons envoyaient à David des présents pour nourrir son armée : du pain et de la viande, du blé, des raisins et des figues. Avec David comme ami, ils savaient que leurs troupeaux étaient en sécurité.

Mais David, lui, n'était jamais en sécurité. Saül et son armée le poursuivaient d'un endroit à l'autre, sans jamais le laisser en paix.

Une fois, Saül entra précisément dans la caverne où David se cachait. Les soldats de Saül poussèrent un gros rocher devant l'entrée et se couchèrent pour dormir. Ils ne savaient pas que derrière eux, au creux de la montagne, David et ses hommes se tenaient cachés. Pendant la nuit, David rampa jusqu'au roi endormi. Il fut assez près pour lui couper un pan de son manteau, mais ne lui fit aucun mal.

Au matin, quand Saül apprit comment David lui avait épargné la vie, il en fut tout honteux et retourna chez lui.

Mais la peur et la haine envahirent à nouveau son cœur et il se remit à la poursuite de David. Cette fois, il prit avec lui trois mille de ses meilleurs soldats. Ils campèrent dans le désert de Ziph.

David n'attendit pas que Saül l'attaque. Avec un de ses neveux, la nuit, il se glissa jusqu'au camp de Saül. Toute l'armée était endormie : le roi, les soldats, Abner le capitaine. La lance de Saül était plantée en terre près de sa tête.

Le neveu de David lui souffla à l'oreille : « Dieu a livré ton ennemi entre tes mains. Laisse moi, je te prie, le clouer au sol avec sa propre lance. »

Mais David épargna encore la vie de Saül.

— « Que l'Eternel me garde de lui faire aucun mal ! », dit-il à son neveu.

Il prit la lance du roi et sa cruche d'eau, et quitta le camp.

David grimpa au sommet de la montagne d'en face. La vallée le séparait du camp de Saül. Il se mit à appeler à grands cris : « Abner, quelle sorte d'homme es-tu donc ? Pourquoi n'as-tu pas monté la garde auprès de ton roi ? Tu mérites la mort, pour n'avoir pas veillé sur ton maître ! »

Et David leva à bout de bras la lance de Saül et la cruche : « Regarde », cria-t-il, « où sont la lance du roi, et la cruche qui étaient à son chevet ? Que l'un de tes jeunes gens vienne de ce côté pour les prendre. »

Le roi reconnut la voix de David : « Est-ce toi, mon fils David ? », demanda-t-il.

— « C'est bien moi, ô roi », répondit David. « Pourquoi me poursuis-tu sans cesse ? Quel mal t'ai-je donc fait ? Pourquoi me pourchasses-tu comme on pourchasse les oiseaux sauvages dans les montagnes ? »

— « Oui, j'ai agi follement et j'ai commis une grande faute », dit Saül. « Mon fils David, reviens. Je ne te ferai plus de mal. Voilà déjà deux fois que tu m'as épargné la vie. »

Mais David pensait : « Aujourd'hui, le roi

m'aime. Mais demain, sa maladie reviendra, il aura peur de moi et me haïra encore. Si je reste avec lui, un jour il voudra sûrement me faire du mal. Il n'y a qu'une chose à faire : m'enfuir chez les Philistins. Là, Saül ne pourra plus me chasser. »

David prit donc ses fidèles soldats et s'en alla au pays des Philistins. Les Philistins lui donnèrent une ville pour y habiter. David et ses hommes s'y installèrent et y firent venir leurs femmes et leurs enfants.

Souvent, David conduisait ses hommes à l'attaque des Amalecites mais jamais il n'a aidé les Philistins à combattre son propre peuple, le peuple d'Israël.

Mort de Saül
et de Jonathan

Mais voici qu'arrivait le moment le plus pénible de la vie de David. Il voyait que les Philistins avaient rassemblé une grande armée et partaient combattre son peuple, les Israélites. Il ne pouvait rien faire pour les arrêter.

Heureusement, les capitaines philistins ne voulaient pas de David avec eux : « Qu'il reste en arrière », disaient-ils. « N'est-ce pas ce même David qui a tué Goliath, notre champion ? Comment être certain qu'il ne se tournera pas contre nous pendant la bataille ? »

David resta donc en arrière où il attendait anxieusement des nouvelles de la bataille. Un jour, un homme, qui accourait essoufflé, les vêtements en lambeaux, vint s'écrouler à ses pieds.

— « D'où viens-tu ?, demanda David.

— « Je me suis sauvé du camp d'Israël », répondit l'homme.

— « Comment se passe la bataille ? Raconte vite ! »

— « Les Israélites se sont enfuis en désordre du champ de bataille. Presque tous sont tombés. Saül et Jonathan sont morts, tués sur le Mont Guilboa. »

Alors, David se mit à pleurer et il porta le deuil pour Saül et pour Jonathan.

« Ton élite, ô Israël, a péri sur les collines.

Comment ces héros sont-ils tombés ? »

David devient roi

Il était temps pour David de rentrer dans son pays. Il emmena ses fidèles compagnons avec leurs familles et monta dans la ville de Hébron, en Juda. Les hommes de Juda demandèrent à David d'être leur roi. Mais les autres tribus s'étaient divisées. Les uns voulaient David, les autres un des fils de Saül. La confusion régnait et la guerre ne cessait pas. Mais à la fin, toutes les tribus d'Israël se rangèrent du côté de David.

— « Voici », dirent-elles, « quand Saül était notre roi, c'est toi qui nous as menés à la bataille et nous avons vaincu nos ennemis. Nous avons appris que Samuel a versé l'huile sainte sur ta tête, quand tu n'étais encore qu'un jeune berger à Bethleem. C'est Dieu qui t'a choisi pour être notre roi. »

Alors, les anciens versèrent l'huile d'onction sainte sur la tête de David, tout comme Samuel l'avait fait, bien longtemps auparavant.

David, le berger, était roi d'Israël.

Mais il se souvenait de Jonathan, qui avait été son ami très cher et si loyal.

— « N'est-il resté personne de la famille de Jonathan, à qui je puisse faire du bien ? », demanda-t-il.

Un vieux serviteur de Saül répondit :
« Un de ses fils est encore vivant. Il est infirme
des deux pieds. »

Et il raconta l'histoire du prince boiteux.

Le fils de Jonathan avait cinq ans à la
mort de son père. Il jouait avec sa nourrice
quand quelqu'un vint en courant annoncer
que Saül et Jonathan avaient été tués pendant
la bataille. La nourrice prit dans ses bras le
petit prince et s'enfuit, terrifiée. En courant,
elle le laissa tomber, il se blessa aux pieds et
devint boiteux. Il vivait maintenant dans une
ferme, avec un vieux serviteur de son grand-
père.

Quand le roi David eut entendu l'histoire
du fils infirme de Jonathan, il le fit venir au
palais. Le garçon se tenait devant lui, tremblant que le roi ne veuille lui faire du mal.
Mais David lui parla avec une grande bonté.

— « Ne crains point. Je veux te faire du
bien, pour l'amour de Jonathan, ton père. Tu
seras comme un de mes fils et tu mangeras à
ma table. »

Puis, il se tourna vers le serviteur de
Saül. « Je donne à ce garçon toutes les terres
de son grand-père Saül, toi et tes fils, vous en
prendrez soin pour lui. »

Le vieux serviteur répondit avec joie :
« J'ai de nombreux fils et des serviteurs. Tu
peux compter sur nous tous, pour obéir à tes
ordres. »

Ainsi, le fils de Jonathan vint vivre au
Palais et il y était traité comme un des fils de
David.

Jérusalem

Au sommet d'une montagne, entre le nord et le sud, s'étendait la ville de Jérusalem. Tout le pays alentour appartenait aux Israélites, mais Jérusalem était encore aux mains de leurs ennemis. Personne n'avait jamais pu la leur prendre.

David savait que tant que cette ville, située au milieu de leur pays, ne leur appartiendrait pas, les Enfants d'Israël ne seraient pas en sécurité. Il prit donc une armée et monta à l'attaque de Jérusalem.

Les habitants de Jérusalem se sentaient si tranquilles dans leur ville, au sommet de la montagne, qu'ils se penchaient par dessus des murs et se moquaient de David :

— « Jamais tu ne viendras à bout de Jérusalem. Notre ville est si forte que des aveugles et des boiteux pourraient la défendre. »

Mais David avait son plan. Il avait découvert qu'un tunnel secret amenait l'eau dans la ville. Deux hommes courageux s'avancèrent dans ce tunnel et grimpèrent jusqu'à l'intérieur des murs de la ville. A la nuit, ils ouvrirent les portes, et le roi, suivi de son armée, put y rentrer.

C'est ainsi que Jérusalem, dont le nom signifie « ville de paix », fut prise par David et devint la capitale de tout le pays.

C'est à Jérusalem que David fit dresser le Tabernacle pour l'Arche de la Loi, l'Arche dans laquelle on gardait précieusement les Dix Commandements. Le peuple d'Israël tout entier se rassembla pour apporter l'Arche à sa nouvelle demeure. Ils la suivaient, jouant de la harpe et chantant des cantiques de grâce. La joie était si grande, que le roi David lui-même se mit à chanter et à danser devant l'Arche. Depuis ce jour-là, Jérusalem est notre ville sainte.

David régna de nombreuses années. C'était un roi juste et courageux, qui aimait Dieu et Le servait. Tout le long de sa vie, il écrivit de magnifiques cantiques, à la louange de Dieu. On les appelle les Psaumes.

L'histoire
du Roi Salomon

Naissance de Salomon

David se promenait sur le toit en terrasse de son palais et regardait d'en haut toute la ville.

Le prophète Nathan était à ses côtés.

— « Voici », dit David, « j'habite une maison en bois de cèdre et l'Arche de Dieu n'a pour demeure qu'une toile de tente. Je voudrais construire pour Dieu une maison splendide, une maison de pierre et de bois de cèdre. »

— « Suis le désir de ton cœur », répondit Nathan.

Mais la nuit suivante, l'Eternel s'adressa à Nathan, et lui dit : « Retourne chez David, Mon serviteur, et dis lui : « Tu ne Me bâtiras point de maison, car tu as trop fait la guerre. Voici qu'il va te naître un fils, que tu nommeras Salomon. Ce sera un homme de paix et c'est lui, ton fils Salomon, qui bâtira Mon Temple. »

Bientôt après, la femme de David, Bethsabée, mit au monde un fils. David donna à l'enfant le nom de Salomon, c'est à dire « homme de paix ».

Le petit Salomon grandit au palais, parmi tous ses grands frères. Il était le plus intelligent de tous. Lorsqu'on lui posait des énigmes, il trouvait toujours la bonne réponse.

On pouvait lui parler n'importe quel langage, il comprenait toujours.

Des gens de toutes nations venaient à Jérusalem, des esclaves et des princes, des orfèvres et des charpentiers, des marchands et des marins. Salomon adressait à tous la parole, et leur parlait dans leur propre langue.

Tous ceux qui l'écoutaient souriaient, et disaient : « Bientôt, ce garçon apprendra le langage des bêtes et des oiseaux. »

C'est justement ce que Salomon voulait faire. Il se penchait sur une fourmilière pour observer la longue file de fourmis qui apportaient des parcelles de nourriture comme réserves pour l'hiver. Dans le jardin, il écoutait le coucou bavarder avec sa compagne qui lui répondait « coucou, coucou ». Il essayait de comprendre les animaux dans les étables de son père, les ânes et les bœufs. Tout être vivant l'intéressait.

Quant à la Loi de Dieu, Salomon la connaissait presque par cœur ; aussi le prophète Nathan l'aimait-il beaucoup pour cela.

Parmi tous ses fils, David choisit Salomon pour régner après lui.

Salomon fait un vœu

Comme David approchait de la fin de ses jours, il fit venir Salomon et lui dit : « Mon fils, je m'en vais par le chemin que prennent tous les fils de la terre. Prends courage, et sois un homme. Observe les commandements de l'Eternel ton Dieu. Sers-Le avec fidélité, de toute ton âme et de tout ton pouvoir. »

Cette nuit là, Dieu apparut à Salomon en rêve.

— « Demande-Moi ce que tu souhaites, et je te l'accorderai », lui dit-Il. Salomon répondit : « O Dieu, Tu m'as fait roi à la place de mon père mais je suis bien jeune pour guider ce grand peuple. Donne moi, je T'en prie, la sagesse, afin que je puisse régner avec justice. »

Dieu fut satisfait de la requête de Salomon et lui dit :

— « Puisque tu n'as rien demandé pour toi-même, tu seras le plus sage de tous les hommes. Mais je veux aussi te donner ce que tu n'as pas demandé, la richesse, les honneurs, et une longue vie. »

Le lendemain matin, alors que Salomon, assis sur son trône, jugeait le peuple, deux femmes se présentèrent devant lui, tenant entre elles un bébé.

— « O mon roi », dit l'une, « nous habitons, cette femme et moi, dans la même maison. Nous avons eu chacune un enfant. Mais le sien est mort pendant la nuit, alors que je dormais. Elle s'est levée, elle a pris mon enfant vivant auprès de moi et à sa place elle a mis son enfant mort.

— « Non, non », s'écria l'autre femme, « celui qui vit est mon fils et c'est le sien qui est mort ! »

Mais l'autre insistait : « Non, l'enfant mort est le sien, le vivant est à moi. »

Le roi Salomon se tourna vers un de ses serviteurs : « Qu'on m'apporte une épée », dit-il. On apporta donc l'épée au roi, et il dit aux deux femmes : « Puisque chacune prétend que l'enfant vivant est le sien, il n'y a qu'une seule chose à faire. Nous allons couper cet enfant en deux, et chacune en aura la moitié. »

Alors la vraie mère, celle qui avait parlé la première, s'écria :

— « O mon roi, donne lui l'enfant qui vit, mais surtout ne le tue pas. »

L'autre, au contraire, disait : « Il ne sera ni à moi, ni à elle, qu'on le partage. »

Le roi montra alors du doigt la femme qui préférait renoncer à l'enfant pour lui sauver la vie. « Donnez lui l'enfant », dit-il, « car c'est elle qui est la mère. »

Alors, tout le peuple d'Israël sut que la sagesse divine inspirait leur roi.

Construction du temple

Quatre années passèrent. Tout ce que Dieu avait promis à Salomon s'était réalisé. Le jeune roi n'était pas seulement sage, mais aussi riche, puissant et honoré. Israël vivait en paix avec tous ses voisins. Il était temps de bâtir une maison pour l'Arche de Dieu, un Saint Temple, sur le Mont Sion.

Salomon envoya une lettre à l'ami de son père, Hiram, roi de Tyr : « Tu sais que David voulait bâtir une maison en l'honneur de l'Eternel notre Dieu. Mais l'Eternel lui a dit : « Salomon, ton fils, bâtira Ma Maison ». Maintenant, j'ai l'intention de commencer les travaux. Envoie-moi du bois de cèdre du Liban, et je te payerai avec du blé, du vin et de l'huile. »

Hiram répondit : « Béni soit l'Eternel Dieu, qui a donné à David un fils aussi sage que toi. Je ferai tout ce que tu m'as demandé. »

Puis, il envoya ses serviteurs dans les montagnes du Liban pour couper de grands cèdres. Ils en firent des radeaux et les expédièrent par mer jusqu'au port de Jaffa. Là, les Israélites en faisaient des poutres qu'ils transportaient à Jérusalem.

D'autres ouvriers gravissaient les montagnes autour de Jérusalem pour y tailler de gros blocs de pierre, destinés aux fondations du Temple. Les pierres étaient parfaites, exactement à la bonne taille. On n'avait besoin ni de les tailler, ni de les marteler, après les avoir portées au Mont Sion. Car Salomon avait dit : « Aucun bruit d'instrument de fer ne doit être entendu pendant la construction du Temple. Le fer est un métal utilisé pour les armes de guerre, et le Temple doit être une maison de paix. »

La construction du Temple fut enfin

achevée. Il se dressait, majestueux, sur le Mont Sion, et son toit doré étincelait au soleil. Les murs intérieurs étaient sculptés de branches de palmes, de grenades et de fleurs épanouies. Le sol était recouvert d'or fin. La pièce intérieure, destinée à l'Arche, était en bois d'olivier recouvert d'or pur en dedans et en dehors.

De tous les côtés du pays, les gens montaient à Jérusalem.

L'Arche de la Loi était encore dans la tente où David l'avait placée. Maintenant, les Cohanim, les prêtres, transportaient l'Arche dans sa nouvelle demeure. De jeunes Cohanim, qui soufflaient dans des trompettes d'argent, marchaient en avant. Suivaient les Lévites, chantant et jouant sur des cymbales et des harpes. Les Cohanim avançaient à travers la foule joyeuse rassemblée dans la cour du Temple. Ils passèrent devant l'autel, gravirent le grand escalier et placèrent l'Arche dans la pièce intérieure, le Saint des Saints.

Alors, Salomon leva les mains au ciel, et pria :

— « O Eternel, abaisse Ton regard sur nous, dans Ta grande bonté. Quand Ton peuple Israël viendra prier ici, exauce sa prière. Si un étranger vient d'une terre lointaine, accorde lui Ton aide, à lui aussi. Car Tu es Dieu, et le Roi de toute la terre. »

Pendant sept jours, le peuple fit une grande fête. Tout le monde chantait et rendait grâce à Dieu. Le huitième jour, Salomon les bénit et les renvoya chez eux, tout joyeux.

La reine de Saba

La renommée de Salomon s'étendit si loin, qu'elle parvint jusqu'au lointain pays de Saba. Or, une reine sage et belle gouvernait Saba.

— « J'irai à Jérusalem, pour voir de mes yeux ce grand roi », dit-elle. « Je veux savoir s'il est vraiment aussi sage qu'on le dit. »

Elle se mit donc en route avec une suite nombreuse, de beaux jeunes gens et de belles suivantes, des serviteurs et des sages, des chameaux portant des épices, de l'or et des pierres précieuses. Ils voyagèrent de nombreuses semaines avant d'arriver enfin à Jérusalem.

Chaque jour, la reine de Saba passait de longues heures en compagnie de Salomon. Elle s'asseyait près de lui quand il jugeait le peuple, et elle s'émerveillait de son intelligence. Ils se promenaient ensemble dans les jardins, parlaient des plantes et des oiseaux, des animaux et des insectes. Salomon connaissait toutes les espèces d'arbres, depuis les grands cèdres du Liban, jusqu'à la petite hysope qui pousse dans une fente de rocher.

Ils prenaient place à des banquets où les mets étaient servis dans la vaisselle d'or. En mangeant, elle lui posait des énigmes et notait la rapidité de ses réponses.

Un jour, la reine s'approcha de Salomon avec deux fleurs à la main.

— « Une de ces fleurs est réelle, et l'autre ne l'est pas », dit-elle. « Dis moi laquelle est réelle ? »

Le silence était si grand dans la salle qu'on pouvait entendre les abeilles bourdonner dans le jardin.

— « Ouvre une fenêtre », dit Salomon à un serviteur.

On ouvrit une fenêtre, et une abeille vola dans la salle. Elle passa sur une des fleurs et se posa sur la seconde.

Salomon se tourna vers la reine en souriant : « L'abeille t'a donné la réponse. »

Parfois, la reine de Saba posait à Salomon des questions qui la tourmentaient de-

puis longtemps. « Quel est le commencement de la sagesse ? Où est le chemin qui mène au bonheur ? »

Salomon lui donna beaucoup de sages réponses. Elles sont toutes écrites dans le Livre des Proverbes.

Ainsi, de nombreux mois passèrent. Un jour, la reine visita le Temple, en compagnie de Salomon. C'était la fête de Souccoth. Des foules joyeuses étaient rassemblées dans les cours. La fumée montait des autels. Des Lévites gravissaient en chantant les larges escaliers. Le soleil faisait briller le toit du Temple et les grandes colonnes de bronze.

Salomon dit à la reine : « Derrière ces colonnes se trouve le lieu saint et à l'intérieur du lieu saint, le Saint des Saints. »

— « Que garde-t-on dans le Saint des Saints », demanda la reine. « Une image de votre Dieu ? »

— « Notre Dieu ne peut être vu », répondit Salomon. « Dans le Saint des Saints, il n'y a que l'Arche avec les Tables de la Loi de Dieu. »

La reine montra du doigt les autels. « Vos prêtres font de nombreux sacrifices ! » Salomon lui répondit : « Seul l'un d'entre eux est offert pour Israël. Le reste est pour les autres soixante-dix peuples de la terre. Nous prions Dieu d'envoyer Ses bénédictions à tous les peuples du monde. »

Alors, la reine de Saba ne put contenir son admiration et elle dit à Salomon : « J'avais entendu parler de ta grandeur et de ta sagesse, dans mon pays. Eh bien, on ne m'en avait pas dit la moitié. Béni soit l'Eternel ton Dieu. C'est parce que l'Eternel aime Israël qu'Il t'a fait roi pour régner dans la sagesse et dans la justice. »

Puis, la reine de Saba se leva et retourna dans son pays.

Salomon régna à Jérusalem tout le reste de ses jours. Tant qu'il vécut, Israël fut en paix.

Editions BIBLIEUROPE

B.D. sur les fêtes juives

(à paraître)

ACHEVE D'IMPRIMER
EN OCTOBRE 1997
PAR L'IMPRIMERIE
OBERTHUR GRAPHIQUE
N° 1100